I edizione: maggio 2019 (2ª ristampa)

ISBN: 978-88-99358-52-5 Quaderno degli esercizi
ISBN: 978-88-99358-56-3 Edizione per insegnanti

Redazione:
Antonio Bidetti, Anna Gallo, Sonia Manfrecola,
Laura Piccolo, Elisa Sartor, Natia Sità

Ha collaborato:
Matteo La Grassa

Foto: Shutterstock, Telis Marin
Foto copertina: Telis Marin

Impaginazione e progetto grafico:
Edilingua

Registrazioni audio e produzione video:
Autori Multimediali, Milano

© **Copyright edizioni Edilingua**
Sede legale
Via Giuseppe Lazzati, 185 00166 Roma
Tel. +39 06 96727307
Fax +39 06 94443138
info@edilingua.it
www.edilingua.it

Deposito e Centro di distribuzione
Via Moroianni, 65 12133 Atene
Tel. +30 210 5733900
Fax +30 210 5758903

L. Ruggieri è insegnante di italiano come LS. Si è laureata in Lingue e Letterature Straniere all'Università degli Studi di Milano. Ha conseguito il dottorato presso l'Università di Granada, dove collabora come ricercatrice nell'ambito degli studi di linguistica e letteratura comparata con il /Grupo de investigaciones filológicas y de cultura hispánica/.

S. Magnelli ha insegnato Lingua e Letteratura italiana presso il Dipartimento di Italianistica dell'Università Aristotele di Salonicco. Ha collaborato con l'Istituto Italiano di Cultura di Salonicco ed è stato responsabile della progettazione didattica di Istituti linguistici operanti nel campo dell'italiano LS.

T. Marin dopo una laurea in Italianistica ha conseguito il Master Itals (Didattica dell'italiano) presso l'Università Ca' Foscari di Venezia e ha maturato la sua esperienza didattica insegnando presso varie scuole d'italiano. È direttore di Edilingua e autore di diversi testi per l'insegnamento della lingua italiana: *Nuovo* e *Nuovissimo Progetto italiano 1, 2, 3* (Libro dello studente), *Via del Corso A1, A2, B1, B2* (Libro dello studente), *Progetto italiano Junior 1, 2, 3* (Libro di classe), *La nuova Prova Orale 1, Primo Ascolto, Ascolto Medio, Ascolto Avanzato, Nuovo Vocabolario Visuale, Via del Corso Video.* Inoltre, è coautore di *Nuovo* e *Nuovissimo Progetto italiano Video, Progetto italiano Junior Video* e *La nuova Prova orale 2.* Ha tenuto numerosi workshop sulla didattica in tutto il mondo.

Gli autori e l'editore sentono il bisogno di ringraziare i tanti colleghi che, con le loro preziose osservazioni, hanno contribuito al miglioramento di questa edizione aggiornata.

Un sincero ringraziamento, inoltre, va agli amici insegnanti che, visionando e provando il materiale in classe, ne hanno indicato la forma definitiva.

Infine, un pensiero particolare va ai redattori e ai grafici della casa editrice per l'impegno profuso.

Grazie all'adozione di questo libro, Edilingua adotta a distanza dei bambini che vivono in Asia, in Africa e in Sud America. Perché insieme possiamo fare molto! Ulteriori informazioni nella sezione "Chi siamo" del nostro sito.

Gli autori apprezzerebbero, da parte dei colleghi, eventuali suggerimenti, segnalazioni e commenti sull'opera (da inviare a redazione@edilingua.it)

Premessa

Il **Quaderno degli esercizi di Nuovissimo Progetto italiano 1** è l'edizione aggiornata dell'eserciziario di un moderno corso d'italiano per stranieri di livello A1-A2 del Quadro Comune Europeo di Riferimento per le Lingue.

Il fatto che *Nuovo Progetto italiano* venisse utilizzato con successo da migliaia di docenti in tutto il mondo e in vari contesti didattici, ci ha permesso di raccogliere numerosi commenti, consigli e suggerimenti grazie ai quali abbiamo potuto valutare le modifiche da apportare per creare una nuova edizione nel rispetto sempre della filosofia dell'edizione precedente, apprezzata da tanti colleghi che sono "cresciuti" professionalmente usando il manuale.

Non siamo quindi partiti dal presupposto di modificare radicalmente il Quaderno, ma ci si è messi al lavoro con la consapevolezza di voler apportare dei miglioramenti. I principali punti su cui siamo intervenuti riguardano:

- una maggiore varietà di tipologie per una maggiore motivazione;

- meno attività a risposta aperta, che a nostro avviso potevano risultare demotivanti per gli studenti di oggi, abituati sempre di più a input e attività meno lunghi. Quindi, adesso ci sono più esercizi di abbinamento, scelta multipla e riordino;

- un'accurata revisione del lessico e una maggiore coerenza tra Quaderno degli esercizi e Libro dello studente. In questo modo gli studenti, incontrando meno parole sconosciute, diventano più autonomi nello svolgimento degli esercizi;

- l'approccio a spirale per la ripresa di strutture e lessico incontrati in unità precedenti. Questo tranquillizza gli studenti e favorisce il consolidamento dei contenuti;

- nuovi esercizi di reimpiego per ogni unità sugli elementi lessicali e comunicativi trattati: *repetita juvant*;

- la revisione delle consegne per rendere più autonomi gli studenti nella comprensione e nello svolgimento del compito;

- l'apparato iconografico, completamente a colori, è stato rinnovato e ampliato. Lo scopo è avere pagine piacevoli, non troppo cariche, che rispecchino la realtà italiana.

In questa edizione aggiornata del Quaderno, le attività seguono sempre la suddivisione per sezioni del Libro dello studente e l'organizzazione dei rimandi all'interno di quest'ultimo.

Come nel Libro dello studente, anche nel Quaderno degli esercizi, i brani audio sono stati registrati da attori professionisti e sono più naturali e spontanei. *Nuovissimo Progetto italiano 1* ha una doppia versione delle tracce audio: "naturale", le tracce audio possono essere ascoltate/scaricate inquadrando direttamente un QR code con il proprio smartphone/tablet, e un'altra versione "rallentata", disponibile sul sito di Edilingua e sulla piattaforma didattica i-d-e-e.it. Questa versione è pensata soprattutto per studenti la cui lingua materna è lontana dall'italiano, ma anche come primo ascolto di un dialogo al fine di facilitare la comprensione e abbassare il filtro affettivo.

Il Quaderno degli esercizi, oltre alle varie esercitazioni progettate tenendo presenti le tipologie delle certificazioni Celi, Cils e Plida, comprende i test finali, presenti al termine di ciascuna unità (da proporre dopo le pagine di civiltà), 4 test di ricapitolazione (uno ogni tre unità), un test generale finale e due Giochi didattici, tipo "gioco dell'oca": il primo riprende gli input più significativi delle prime 6 unità e il secondo è un riepilogo dell'intero libro.

In conclusione, nella stesura del Quaderno degli esercizi di *Nuovissimo Progetto italiano 1* si è sempre cercato di rendere semplici e piacevoli le esercitazioni, anche attraverso l'uso di una lingua il più possibile contestualizzata e vicina alla realtà.

La piattaforma i-d-e-e.it

Nella seconda di copertina del volume gli studenti trovano un codice di accesso alla piattaforma didattica i-d-e-e.it. Questo codice fornisce accesso gratuito per 18 mesi (dal momento dell'attivazione) ai seguenti materiali didattici e strumenti:

- gli esercizi del Quaderno completamente interattivi, con correzione e valutazione automatica. Gli studenti possono svolgerli in piena autonomia e ripeterli in qualsiasi momento se desiderano esercitarsi di più;

- gli episodi video e le puntate del Quiz;

- le tracce audio in modalità naturale e rallentata;

- i nuovi Giochi digitali, un'esclusiva di Edilingua, che permettono un ripasso divertente ed estremamente efficace;

- la Grammatica interattiva, test e giochi preparati dall'insegnante, lo spazio classe ecc.

Inoltre, su i-d-e-e gli studenti possono acquistare diversi libri in versione e-book (letture semplificate, il *Nuovo Vocabolario visuale*, i Verbi e altro) e tanti altri materiali (video, audio).

Su i-d-e-e gli insegnanti, da parte loro:
- vedono i risultati degli esercizi svolti dai loro studenti e gli errori commessi da ciascuno. Questo gli permette, inoltre, di dedicare meno tempo alla correzione degli esecizi in aula;
- trovano tutti i video del corso;
- possono assegnare alle proprie classi decine di test e giochi già pronti, personalizzandoli, o crearne di nuovi;
- trovano il software per la Lavagna Interattiva Multimediale di *Nuovissimo Progetto italiano 1* (disponibile anche in versione offline su DVD-ROM);
- possono consultare altri libri didattici di Edilingua.

La versione e-book del Libro dello studente e del Quaderno degli esercizi è disponibile sulla piattaforma BlinkLearning.

Questo simbolo, che gli studenti trovano a metà e alla fine di ogni unità del Quaderno degli esercizi, indica che sulla piattaforma i-d-e-e sono disponibili i nostri nuovi Giochi digitali (*Cartagio*, *Luna Park*, *Il giardino di notte*, *Orlando* e *Sogni d'oro*) che permettono allo studente di ripassare i contenuti dell'unità.

Gli studenti, adulti e giovani adulti, possono accedervi gratuitamente e giocare quanto vogliono, avendo un illimitato numero di tentativi. Alcuni elementi di *gamification* (raccolta di monete e badge, livelli da superare e classifiche) hanno lo scopo di rendere l'esperienza ancora più motivante. Attraverso la ripetizione e la varietà gli studenti consolidano inconsapevolmente i contenuti incontrati, imparano senza la "paura di sbagliare".

E l'insegnante? Dal suo account i-d-e-e può monitorare l'andamento degli studenti, ovvero le percentuali di risposte corrette, ma non gli errori commessi, visto che si tratta di attività ludiche. Inoltre, ha a disposizione dei giochi di ripasso che può assegnare alle sue classi.

Inquadra il QR code con il tuo smartphone/tablet per ascoltare/scaricare la traccia n. 12.

Buon lavoro!
Gli autori

*Tutti gli esercizi sono disponibili
in formato interattivo su www.i-d-e-e.it*

Benvenuti!

1 a Maschile o femminile? Abbina i nomi e gli aggettivi a Maria o a Gino, come nell'esempio.

Maria | **ragazza** | **ragazzo**
| **amica** | **bella**
| **studente** | **alto**
| **argentina** | **italiano**

b Scegli la parola giusta, come nell'esempio in blu. Vedi anche l'Approfondimento grammaticale a pag. 192 del Libro dello studente.

gatto | <u>gatti</u>

casa | case

chiave | chiavi

medico | medici

gelato | gelati

pesce | pesci

ragazzo | ragazzi

finestra | finestre

cappuccino | cappuccini

chitarra | chitarre

gondola | gondole

2 a Scrivi le parole al plurale, come nell'esempio in blu.

1. lezione — *lezioni*
2. studente — ....
3. giornale — ....
4. treno — ....

5. notte — ....
6. lettera — ....
7. porta — ....
8. libro — ....

b Scrivi il plurale, come nell'esempio.

1. casa nuova — *case nuove*
2. libro aperto — ....
3. giornale italiano — ....

4. gelato piccolo — ....
5. borsa rossa — ....
6. studente americano — ....

3 Pronuncia. Inserisci le parole nella colonna corretta, come nell'esempio in blu.

difficile ♦ lingua ♦ gondola ♦ giornale ♦ americano ♦ pagina ♦ ciao ♦ piccolo ♦ dieci

... come **caffè**	... come limon**cello**	... come **galleria**	... come **gelato**
	difficile,		

4 Fai l'abbinamento come nell'esempio.

1. Io *(b)*
2. Tu
3. Peter
4. Noi
5. Tu e John
6. Naomi e Osvaldo

a. è tedesco.
b. sono marocchino.
c. siete americani?
d. sono brasiliani.
e. sei spagnolo?
f. siamo australiane.

5 Completa con il verbo *essere*.

1. Voi .... italiani?
2. Tu .... argentino.
3. Noi .... studenti.
4. Io .... Giulia, piacere!
5. Maria .... alta.
6. Le finestre .... aperte.

6 Scrivi l'articolo singolare corretto.

1. .... calcio
2. .... uscita
3. .... stivale
4. .... vestito
5. .... pesce

6. .... casa
7. .... isola
8. .... immagine
9. .... aereo
10. .... sport

7 Completa con l'articolo corretto, come nell'esempio in blu.

il gatto

.... macchina

.... zio

.... arte

.... chiavi

.... spaghetti

.... albero

.... treni

.... zaino

.... case

8 Trasforma al singolare o al plurale, come nell'esempio.

la casa ➜ *le case*

1. il ristorante ➜ ....
2. l'isola ➜ ....
3. .... ➜ gli zii
4. l'aereo ➜ ....

5. .... ➜ le finestre
6. .... ➜ le opere
7. la notte ➜ ....
8. il cappuccino ➜ ....

9 a Trasforma al plurale. Vedi anche l'Approfondimento grammaticale a pag.192 del Libro dello studente.

1. il caffè ➜
2. la città ➜
3. il cinema ➜
4. l'auto ➜
5. lo sport ➜

6. il bar ➜
7. il problema ➜
8. il turista ➜
9. l'ipotesi ➜
10. la regista ➜

b Abbina gli aggettivi ai nomi e scrivi l'articolo corretto.

1. ...... bariste
2. ...... caffè
3. ...... film
4. ...... turista
5. ...... città
6. ...... auto

ROSSE
ITALIANA
SPAGNOLO
GIOVANI
AMARI
NUOVI

10 a Osserva le immagini e forma 6 frasi, come nell'esempio in blu.

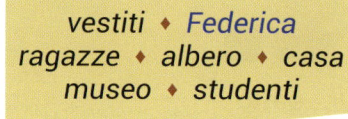

*vestiti ◆ Federica
ragazze ◆ albero ◆ casa
museo ◆ studenti*

1. *Federica è bella.*
2. ....
3. ....
4. ....
5. ....
6. ....
7. ....

*bella ◆ nuovi
italiane ◆ moderna
aperto ◆ alto ◆ australiani*

b Trasforma le frasi dell'esercizio 10a dal singolare al plurale o dal plurale al singolare, come nell'esempio.

1. *Federica e Gabriella sono belle.*
2. ....
3. ....
4. ....

5. ....
6. ....
7. ....

11 Fai l'abbinamento come nell'esempio.

1. Tu *(c)*
2. Io
3. Maria e Gino
4. Noi
5. Carmen
6. Tu e Gloria

a. ha un fratello.
b. avete un amico americano.
c. hai una bella casa.
d. abbiamo una sorella.
e. ho un libro nuovo.
f. hanno un gatto.

12 Completa con il verbo *avere*.

1. Francesco è piccolo, ... 7 anni.
2. .... tu le chiavi?
3. Noi .... un problema.
4. Io .... due fratelli.
5. Gli zii .... una macchina nuova.
6. .... voi il giornale?

13 Completa come nell'esempio.

Io *mi chiamo* Andrea.

1. Tu .... Maria?
2. Lui .... Piero.
3. Io .... Sabrina.

4. Il gatto .... Gigi.
5. Lei .... Lia.
6. E tu, come ....?

14 a Leggi la scheda e completa la presentazione di Mariella.

Nome: Mariella
Cognome: Console
Nazionalità: italiana
Nata a: Roma
Età: 19 anni

Ciao, ... Mariella Console, sono ...., di Roma, ... 19 anni.

b Completa il dialogo.

● Ciao, io .... Matteo.
● ...., Matteo! Io sono Jane.
● Quanti .... hai, Jane?
● Ho 24 .... E tu?
● Io ho 27 anni. .... americana?
● No, ... inglese, ... Liverpool.

A Completa gli spazi blu con il verbo *essere* e gli spazi rossi con il verbo *avere*.

Paolo .... (1) italiano, ... (2) di Napoli e .... (3) 22 anni. Lui .... (4) molti amici: Ana e Dolores .... (5) spagnole e .... (6) 21 anni; Jonathan .... (7) australiano e .... (8) 20 anni; Beatriz, Cristina e Vitória .... (9) brasiliane e .... (10) 22 anni.

B Scegli l'articolo corretto.

.... (1) libro a. la
                  b. il
                  c. lo

.... (2) stivale a. la
                  b. lo
                  c. il

.... (3) latte a. la
                  b. il
                  c. le

.... (4) casa a. la
                  b. le
                  c. il

.... (5) aereo a. il
                  b. lo
                  c. l'

.... (6) italiani a. i
                  b. gli
                  c. l'

C Scegli il plurale corretto.

aereo → .... (1)
a. le aree
b. l'aerei
c. gli aerei

città → .... (2)
a. le città
b. i città
c. le citté

sport → .... (3)
a. i sport
b. le sport
c. gli sport

giornale → .... (4)
a. i giornali
b. le giornali
c. gli giornali

problema → .... (5)
a. i problema
b. li problemi
c. i problemi

zio → .... (6)
a. le zie
b. gli zii
c. gli zia

D Osserva i disegni e risolvi il cruciverba.

Risposte giuste: .... /30

Giochi

Un nuovo inizio

Quaderno degli esercizi

1 Completa i verbi.

1. • Maria, cosa guard......? • Guardo un film di Fellini.
2. • Dove abiti? • Abit...... a Milano.
3. • Cosa ascolt......? • Ascolto un CD di Marco Mengoni.
4. • A che ora parti domani? • Part...... alle sette.
5. • Che cosa scrivi? • Scriv...... una lettera.
6. • Dove lavori? • Lavor...... in un bar.
7. • Parl...... italiano? • No, non parlo italiano.
8. • Cosa leggi? • Legg...... il giornale.

Federico Fellini

2 Completa le frasi con i verbi dati.

apre ♦ lavora ♦ parti ♦ parla ♦ ascolta ♦ prende ♦ arrivo ♦ abita

1. Il bar vicino a casa mia .... alle 6.
2. La mattina Luisa .... due caffè.
3. Mario, a che ora .... per Torino?
4. Marco .... tre lingue!
5. Gianna .... in un giornale.
6. Io .... a casa alle 5.
7. Giovanni .... musica straniera.
8. Giulia .... a Roma.

3 Scegli l'alternativa corretta.

1. Roberto costruisce/costruite una nuova casa.
2. Oggi io e Marco finite/finiamo di lavorare alle 3.
3. Io pulisci/pulisco il bagno e tu pulisci/pulisce la cucina.
4. Aldo, quando spedisci/spediscono l'email?
5. Il film finisce/finisco tra dieci minuti.
6. Quando sono in metro preferisco/preferisce ascoltare musica.
7. Brigitte e Laura capite/capiscono molto bene l'italiano.
8. Laura, preferiamo/preferisci una pizza o un panino?

4 Completa le frasi con la forma corretta dei verbi.

1. Io .... (preferire) il vestito rosso, è più bello.
2. La lezione .... (finire) alle 11.
3. Francesco e io .... (prendere) il treno.
4. Marta .... (cucinare) molto bene.
5. Ragazzi, ... (aprire) le finestre, per favore?
6. Loro .... (lavorare) ogni giorno dalle 9 alle 18.
7. Lucien, ... (scrivere) bene in italiano! Complimenti!
8. Noi .... (parlare) lo spagnolo e .... (capire) un po' l'italiano.

5 Completa i mini dialoghi con la forma corretta dei verbi.

1. • Ciao ragazze. Cosa .... (prendere)?
   • Io .... (prendere) un caffè, Maria .... (prendere) un gelato.

2. • Giulia, parli l'inglese?
   • Sì, parlo l'inglese e .... (capire) anche il francese.

3. • Tu e Maria aprite un ristorante?
   • Sì, ... (aprire) un ristorante in centro.

4. • Luca, ... (offrire) io la pizza!
   • Grazie!

5. • A che ora .... (partire) il treno?
   • Alle 10:23.

6. • Ragazze, cosa mangiate?
   • .... (Mangiare) una pizza.

7. • Dove sono i ragazzi?
   • Sono qui, ... (leggere) un libro.

8. • Di dove siete?
   • Siamo di Firenze, ma .... (abitare) a Genova.

*Palazzo della Borsa in
Piazza De Ferrari, Genova*

6 Completa le frasi, come nell'esempio in blu.

La farmacia chiude alle sette.
Le farmacie ....*chiudono*............ alle sette.

1. Margaret capisce bene l'italiano.
   Margaret e Monique .... bene l'italiano.

2. Sara non prende l'autobus.
   Sara e Tiziana non .... l'autobus.

3. Francesca telefona a Sergio ogni giorno.
Francesca e Piera .... a Sergio ogni giorno.

4. Andrea parla molto.
Patrizia e Giovanna .... molto.

5. Gianni pulisce la casa ogni sabato.
Gianni e Gigi .... la casa ogni sabato.

6. Aldo legge il *Corriere della Sera*.
Aldo e Luisa .... il giornale.

7 Trasforma le frasi, come nell'esempio.

Rispondo a tutte le domande.
Teresa *risponde a tutte le domande* ....

1. Mangio al ristorante ogni giorno.
Ragazzi, perché .... ?

2. Comincio a lavorare alle 9 e finisco alle 2.
Voi ....

3. Quando torno a casa, la sera, cucino.
Tu .... ?

4. Vivo in Italia da un anno, ma non capisco bene l'italiano.
Marcelo ....

5. Quando ho tempo, preferisco leggere un libro.
Noi ....

8 Metti in ordine le parole per formare le frasi. Comincia con la parola blu.

1. le | alle 8 | scuole | aprono
....

2. Roma, | Maria | vivono a | e Vittoria | in centro
....

3. telefona a | Giacomo | sera | Luisa ogni
....

4. in un | giornale da | lavora | due anni | Michela
....

5. al ristorante | Giulio | mangia | non
....

6. per | treno | giorno | prende il | Lia ogni | Milano
....

9 Completa con l'articolo indeterminativo.

1. .... amico italiano
2. .... ragazza francese
3. .... libro d'inglese
4. .... sport interessante

5. .... problema importante
6. .... finestra aperta
7. .... amica gentile
8. .... zio simpatico

10 Completa gli spazi blu con i verbi e gli spazi rossi con gli articoli indeterminativi.

Ciao! Piacere, io sono Joseph, ... (1) studente di italiano. .... (2. Studiare) l'italiano a Firenze, in .... (3) scuola in centro. La scuola è molto bella e c'è anche .... (4) bar. In classe noi .... (5. essere) sette studenti: io, Hamid, Juanita, Letícia, Lee, John e Nate, che .... (6. essere) due fratelli americani. Abbiamo .... (7) insegnante molto simpatica, Marina. Lei .... (8. essere) italiana, di Napoli. Noi .... (9. abitare) tutti in centro.

11 a Guarda i disegni e forma 6 frasi, come nell'esempio in blu.

Valeria ◆ *giardino* ◆ amiche ◆ farmacia ◆ libro ◆ case ◆ studente
verde ◆ intelligente ◆ chiusa ◆ italiane ◆ bionda ◆ interessante ◆ piccole

1. *Il giardino è verde.* ....
2. ....
3. ....
4. ....

5. ....
6. ....
7. ....

b Trasforma le frasi dell'esercizio 11a dal singolare al plurale o dal plurale al singolare, come nell'esempio.

1. *I giardini sono verdi.* ....
2. ....
3. ....
4. ....

5. ....
6. ....
7. Luisa e Valeria ....

12 Completa le domande.

Giochi

1. Ciao, ... ti chiami?

2. Di .... sei?

3. .... anni hai?

4. .... abiti? In centro?

5. .... musica ascolti?

6. Da .... tempo studi l'italiano?

13 Scrivi le domande.

1. ● ....
   ● Abito in Italia, a Perugia.

2. ● ....
   ● Sono in Italia per imparare la lingua.

3. ● ....
   ● Mi chiamo Francesca.

4. ● ....
   ● Ho vent'anni.

5. ● ....
   ● No, Maria è spagnola, non brasiliana.

6. ● ....
   ● Sì, sono brasiliana, di San Paolo.

7. ● ....
   ● Sono di Napoli, ma abito a Roma.

8. ● ....
   ● Prendi l'autobus numero 40.

14 Trasforma le frasi dal *tu* al *Lei* o dal *Lei* al *tu*.

1. Scusi, per andare in centro? ....
2. Sei straniera, vero? ....
3. Ciao, come ti chiami? ....
4. Ciao Giulio, a domani. ...., professore, a domani.
5. Gloria, dove abiti? Signor Casseri, ...
6. Signora, a che ora prende l'autobus? Claudio, ...

15 Guarda le foto e indica l'aggettivo corretto.

1. Chiara ha i capelli
   neri | rossi

2. Lucia ha 20 anni: è
   giovane | anziana

3. Valeria ha i capelli
   corti | lunghi

4. Mario è
   alto | basso

5. Rita è
   triste | allegra

6. Roberto Benigni è
   simpatico | antipatico

16 Completa con *a, in, di, da, in, per*.

Ciao, mi chiamo Alicia e sono spagnola, ... (1) Madrid. Sono .... (2) Italia .... (3) pochi giorni. Abito .... (4) Perugia, ... (5) via Rocchi. Sono qui .... (6) imparare l'italiano all'Università per Stranieri.
I miei compagni sono molto simpatici e la sera mangiamo spesso insieme. Perugia è una città piccola, ma molto bella!

Perugia

A Completa con l'articolo determinativo o indeterminativo.

Tommy è .... (1) cane molto simpatico e intelligente. Vive a Pisa, in .... (2) casa con un grande giardino. .... (3) suo migliore amico è Chicco, ... (4) gatto nero con .... (5) occhi verdi, che non mangia .... (6) pesce! Tommy, invece, mangia molto, anche .... (7) pizza e .... (8) spaghetti, e dorme tutto .... (9) giorno.

Chicco e Tommy

B Scegli l'alternativa corretta.

1. Signora, ... (1) un caffè o ...... (2) un cappuccino?

   (1) a. prendi   (2) a. preferisce

          b. prende   b. preferisco

          c. prendo   c. preferisci

2. Gli amici di Luana ...... (1) stasera: ...... (2) il treno delle 9.

   (1) a. partite   (2) a. prendo

          b. partiamo   b. prendono

          c. partono   c. prendete

3. Giorgio e Riccardo non ...... (1) bene l'inglese, però ...... (2) tutto.

   (1) a. parla   (2) a. capisce

          b. parliamo   b. capite

          c. parlano   c. capiscono

4. • Io sono Stefano, piacere.

   • ...... (1) Io sono Valeria.

   (1) a. Ci vediamo!

          b. Piacere!

          c. Arrivederci!

5. • Buongiorno, signora Letta.

   • Buongiorno, ... (1), Lorenzo?

   • Bene, grazie!

   (1) a. come stai

          b. complimenti

          c. scusi

6. Io ...... (1) questo lavoro e ...... (2) per le vacanze.

   (1) a. finisco   (2) a. parti

          b. finisci   b. parto

          c. finite   c. parte

7. Marco non .... (1) la casa il sabato perché .... (2).

   (1) a. puliamo   (2) a. lavoro

         b. pulisce   b. lavori

         c. pulisci   c. lavora

8. È un libro .... (1), ma molto .... (2).

   (1) a. difficili   (2) a. interessante

         b. difficoltà   b. interesse

         c. difficile   c. interessanti

C Risolvi il cruciverba.

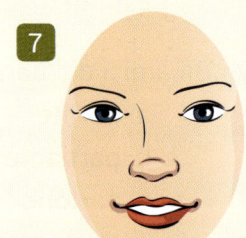

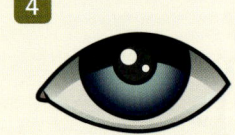

Risposte giuste: .... / 30

Giochi

Tempo libero

Unità 2

Quaderno degli esercizi

1 Fai l'abbinamento.

1. Antonio e Sergio amano lo sport:
2. Quest'anno dove
3. Domani Maria e Bruno
4. Qualche volta io
5. Domani sera cosa facciamo,
6. Se andate al supermercato, vengo

a. andate tu e Mariella in vacanza?
b. anch'io per prendere il latte.
c. vado a mangiare al ristorante.
d. vengono a casa mia.
e. vanno in palestra due volte alla settimana.
f. andiamo al cinema?

2 Completa gli spazi blu con il presente indicativo di *andare* e gli spazi rossi con il presente indicativo di *venire*.

Lago di Garda

1. Noi, il fine settimana, ... spesso al lago.
2. Luca e Maria .... in vacanza in Sardegna.
3. Franco, se .... al cinema, ... anch'io con te.
4. Giorgia, ... con noi al bar a bere qualcosa?
5. Marta .... in Francia per lavoro.
6. Quando ho un po' di tempo libero, ... a giocare a calcio.
7. Ragazzi, ... in centro in autobus o .... in macchina con noi?
8. Gino .... a prendere il caffè da me. Perché non .... anche voi?

3 Completa le frasi con il presente indicativo di *andare* o *venire*.

1. Mario, venerdì sera noi .... al concerto dei Negramaro. .... con noi?
2. Domani pomeriggio Lucia e Bruno non possono .... a casa tua: .... in piscina.
3. Vincenzo, ... all'università? Io .... con te.
4. Oggi stiamo a casa, non .... a ballare con voi.
5. Ciao mamma, ... in palestra con Luca.
6. Ragazze, oggi .... in ufficio con me?
7. .... anche Martina e Lia al cinema con noi stasera!
8. Monica .... in centro con la metro o .... in macchina con Francesca?

4 Completa i verbi. Vedi anche l'Approfondimento grammaticale a pag. 196 del Libro dello studente.

1. ● Aldo, cosa cerch............ nello zaino? ● Cerc............ il libro di storia.
2. Nicola, perché non da............ il giornale a Giuseppe?
3. I ragazzi esc............ stasera?
4. Voi sap............ a che ora parte il treno?
5. Aldo e Massimo sono medici, fa............ un lavoro molto interessante.
6. Domani, la classe 3F cominci............ la lezione alle 11. Noi, ragazzi, cominci............ alle 10.

5 a Completa le frasi con i verbi dati.

uscite ♦ dà ♦ fanno ♦ andate ♦ giochiamo ♦ sapete ♦ paghi ♦ venite ♦ sa ♦ stai

1. Noi .... molto bene a tennis.
2. Ciao, Mario, come ....?
3. Scusi signora, ... dov'è via Mazzini?
4. Signora Risi, ... Lei queste lettere al signor Risi?
5. Offro sempre io il caffè, questa volta .... tu!
6. Nel tempo libero Gina e Lorella .... tante cose.
7. Ragazzi, se sabato non .... cosa fare, perché non .... in montagna con noi?
8. Perché tu e Giulio non ....? Perché qualche volta non .... al cinema o a teatro?

b Completa le frasi con il presente indicativo dei verbi dati. Vedi anche l'Approfondimento grammaticale a pag. 196 del Libro dello studente.

1. Se io .... (bere) il caffè la sera, poi non dormo.
2. Piero .... (tradurre) dall'inglese e dal francese.
3. Io la sera .... (uscire) poco, spesso .... (rimanere) a casa perché sono stanco.
4. Nell'email, Irene e Vincenzo .... (dire) che .... (stare) bene e salutano tutti.
5. L'insegnante .... (dare) gli esercizi per casa.
6. Eleonora .... (andare) a un corso di tango ogni venerdì sera.
7. Luisa, perché non .... (spegnere) il computer?
8. Cosa .... (fare, noi) stasera? Pizza o cinema?

6 Trasforma le frasi come nell'esempio. Vedi anche l'Approfondimento grammaticale a pag. 196 del Libro dello studente.

Il sabato sera vado spesso a teatro.
Tu *il sabato sera vai spesso a teatro* ?

1. Sabina dà l'indirizzo email a Robert.
   Sabina e Carla ....

2. Ogni sabato faccio sport.
   Mario ....
3. A colazione bevo il caffè.
   A colazione voi .... ?
4. Domani gioco a calcio con gli amici.
   Domani noi ....
5. Silvia spegne sempre il telefono quando lavora.
   Noi ....
6. Alessia, vieni con noi a ballare?
   Ragazzi, ... ?
7. Quando Luigi va al cinema, sceglie film italiani.
   Quando io ....
8. Lucia e Dario escono in Vespa.
   Ragazze, ... ?

7 Scegli l'alternativa corretta.

1. ● Ho due biglietti per il concerto di Malika Ayane.
     Vuoi venire?
   ● Certo! Vengo volentieri/andiamo/no, grazie!

2. ● Cosa fai stasera, Piero? Esci con noi?
   ● Stasera, mi dispiace/non posso/sì, grazie, voglio studiare.

3. ● Perché non andiamo a mangiare una pizza?
   ● No, grazie!/Non posso venire./Perché no? Prima però devo telefonare a casa.

4. ● Questo fine settimana Paola e Francesca vanno al mare.
     Perché non/D'accordo/Che ne dici di andare con loro?
   ● Sì, buona idea!

Malika Ayane

5. ● Domani noi andiamo a mangiare da zia Mariella, vieni con noi?
   ● Ho già un impegno/Mi dispiace/Perché no, purtroppo domani ho un esame, davvero non posso!

6. ● Ragazzi, sabato vogliamo andare alla Scala?
   ● Magari la prossima volta/Perché no/D'accordo: venerdì partiamo per Perugia.

8 Trasforma le frasi dal singolare al plurale (*io → noi, tu → voi, lui / lei → loro*) e viceversa.

1. Io voglio visitare Firenze.

   Noi .... Firenze.

2. Volete uscire con noi stasera?

   .... con noi stasera?

3. Alba e Chiara non possono restare oggi.

   Sergio non .... oggi.

4. Giulia vuole suonare in un gruppo musicale.

   Tutti .... il pianoforte.

5. Ragazzi, dovete andare perché il treno parte.

   Luigi, ..., è tardi!

6. Se viene anche Bruno, puoi fare una partita a carte!

   Se viene anche Bruno, voi .... una partita a carte!

7. Devo portare Marco all'aeroporto e non posso andare al corso di tango!

   .... Marco all'aeroporto e non .... al corso di tango!

Ponte Vecchio, Firenze

9 Completa gli spazi blu con i verbi *dovere, potere, volere* e gli spazi rossi con le espressioni date.

che ne dici di ♦ d'accordo ♦ ottima idea ♦ perché no ♦ purtroppo

LEONARDO
DA VINCI
1452
1519

• Ciao, Laura, ... (1) andare alla mostra su Leonardo da Vinci sabato?

• .... (2) sabato non .... (3), ... (4) vedere Piero.

• È una mostra molto interessante... Perché non chiedi a Piero se .... (5) venire anche lui? Se preferite, ... (6) andare domenica: io sono libera tutto il fine settimana...

• .... (7)? È un'.. (8)! Allora, a domenica.

• .... (9), ci vediamo domenica! Ciao.

10 Scrivi i numeri in lettere, come nell'esempio.

312	trecentododici	e. *467*	....
a. *259*	....	f. *8°*	....
b. *1.492*	....	g. *871*	....
c. *673*	....	h. *10°*	....
d. *1.988*	....	i. *14°*	....

11 a Completa il messaggio con le espressioni date a destra, come nell'esempio in blu.

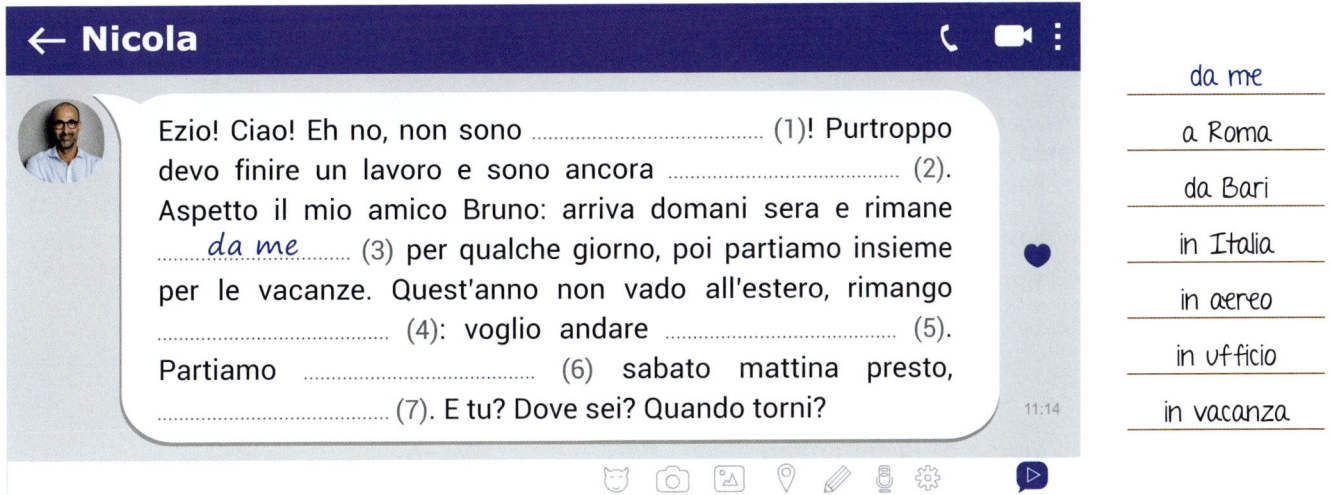

← **Nicola**

Ezio! Ciao! Eh no, non sono .... (1)! Purtroppo devo finire un lavoro e sono ancora .... (2). Aspetto il mio amico Bruno: arriva domani sera e rimane *da me* (3) per qualche giorno, poi partiamo insieme per le vacanze. Quest'anno non vado all'estero, rimango .... (4): voglio andare .... (5). Partiamo .... (6) sabato mattina presto, ... (7). E tu? Dove sei? Quando torni?

11:14

da me
a Roma
da Bari
in Italia
in aereo
in ufficio
in vacanza

b Completa con le preposizioni.

Carla abita .... (1) Roma, ... (2) un piccolo appartamento: cucina, bagno e camera da letto. È contenta perché è .... (3) centro, vicino all'università, ed è molto fortunata perché paga poco d'affitto. Carla lavora part-time .... (4) un ufficio, quattro ore ogni mattina. La sera, anche quando è molto stanca, ha sempre voglia di uscire, di andare .... (5) bar o .... (6) Michela, la sua vicina di casa. Spesso lei, Michela, Cinzia e Gabriella vanno .... (7) teatro o .... (8) cinema.

12 Completa con le parole date: i verbi negli spazi blu e le preposizioni negli spazi rossi.

vuole ◆ fa ◆ va mangia ◆ rimane

a ◆ a al ◆ al da ◆ in ◆ in

Piero è uno studente, abita .... (1) Napoli dove studia Lettere. Tutti i giorni, dopo la lezione, va .... (2) biblioteca e .... (3) lì tutta la mattina. Alle 12 .... (4) un panino .... (5) bar dell'università e poi torna a studiare perché .... (6) finire presto l'università per andare .... (7) fare un Master negli Stati Uniti. Piero ama molto il cinema: la sera .... (8) spesso .... (9) Antonio, un suo amico, a vedere un film. Il fine settimana, qualche volta, ... (10) una gita .... (11) mare o .... (12) montagna.

13 Completa le domande con le espressioni date.

Giochi

d'affitto ◆ al sesto piano ◆ in aereo ◆ in centro ◆ in vacanza ◆ in ufficio

1. ● Dove andate .... quest'anno?
   ● Quest'anno andiamo in montagna.

2. ● Dove abiti? Abiti ....?
   ● No, abito in periferia.

3. ● Appartamento .... senza ascensore?! Comodo!
   ● Beh... Non devi andare in palestra!

4. ● Quanto paghi ....?
   ● Pago 500 euro.

5. ● Vai .... a piedi?
   ● No, prendo l'autobus, per non fare tardi.

6. ● Parti .... per Venezia?
   ● No, preferisco prendere il treno.

14 Risolvi il cruciverba.

Orizzontali

2. Il giorno dopo il mercoledì.
5. Ha sette giorni.
7. Il contrario di *sera*.
8. Il giorno prima della domenica.
9. Il giorno prima di mercoledì.
10. Il giorno dopo il fine settimana.

Verticali

1. Il settimo giorno della settimana.
3. Il quinto giorno della settimana.
4. Il giorno dopo oggi.
6. Il giorno dopo il martedì.

15 Che ore sono? Completa le frasi come negli esempi.

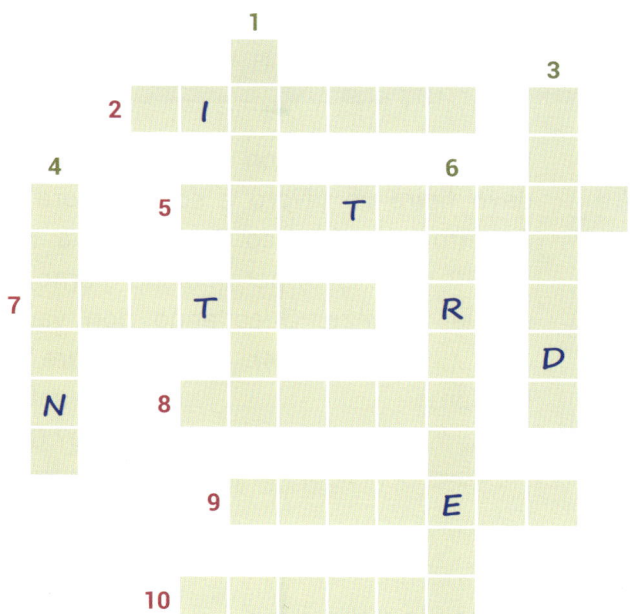

Sono le quattro *e* quarantotto.
Sono le *cinque* meno dodici.

Sono le dodici e ....
È .... e venticinque.

Sono le .... e quaranta.
Sono le sei .... venti.

.... l'una e trentacinque.
Sono le .... e trentacinque.

Sono .... otto e venti.
Sono le .... e venti.

Sono le sette e ....
Sono le otto meno un ....

16 Scegli l'alternativa corretta. Prima vedi pagina 40 del Libro dello studente.

Per visitare Milano puoi usare i mezzi/la metropolitana (1) pubblici. Ci sono più di 100 linee di autobus e tram e quattro di metropolitana/stazioni (2). Puoi comprare i biglietti/l'affitto (3) al bar, in discoteca /tabaccheria (4), all'edicola, o nelle stazioni/corse (5) della metropolitana alle gite/macchinette (6) automatiche.

A Completa con il presente indicativo dei verbi.

Alessandro lavora in centro. Ogni giorno .... (1. andare) al lavoro a piedi, qualche volta .... (2. prendere) l'autobus. Di solito .... (3. uscire) di casa alle 8, ... (4. vedere) Davide, un suo collega, in Piazza Mazzini e .... (5. fare) colazione insieme prima di andare in ufficio. Oggi Alessandro e Davide, quando .... (6. finire) di lavorare, ... (7. volere) andare allo stadio, perché .... (8. giocare) la Juventus. Non .... (9. sapere) ancora se .... (10. andare) da soli o con Licia e Gabriella.

B Scegli l'alternativa corretta.

1. Enzo, ... (1) spesso a calcio? Un giorno .... (2) giocare con noi?

   (1) a. giochiamo   (2) a. vuoi
        b. gioco   b. deve
        c. giochi   c. sai

2. Se Giorgio non .... (1) con noi, ... (2) andare con una macchina.

   (1) a. viene   (2) a. possiamo
        b. vieni   b. vogliamo
        c. vengo   c. sappiamo

3. • Cara, stasera .... (1) al cinema?
   • .... (2) Che film vuoi vedere?

   (1) a. vogliamo   (2) a. Vuoi venire?
        b. andiamo   b. Volentieri!
        c. vediamo   c. D'accordo?

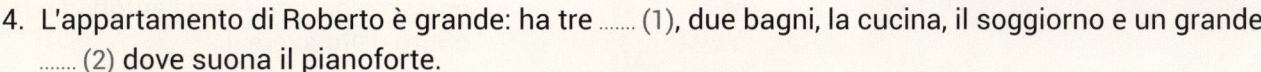

4. L'appartamento di Roberto è grande: ha tre .... (1), due bagni, la cucina, il soggiorno e un grande .... (2) dove suona il pianoforte.

   (1) a. camere con letto (2) a. balcone
        b. camere di letto   b. studio
        c. camere da letto   c. ripostiglio

5. Il mio ufficio è al (4°) .... (1) piano, l'ufficio del direttore è al (18°) .... (2).

   (1) a. terzo   (2) a. diciottesimo
        b. quinto   b. diciassettesimo
        c. quarto   c. sedicesimo

6. Quando vado .... (1) mia madre in centro, preferisco andare .... (2) autobus.

   (1) a. in   (2) a. di
        b. da   b. in
        c. a   c. con

7. Sono le (11:15) ...... (1) ed è ...... (2), domani è venerdì.

   (1) a. undici quindici   (2) a. lunedì

        b. undici e un quarto   b. martedì

        c. undici e quarto   c. giovedì

8. Sono le (8:35) ...... (1) e Giuseppe è pronto per andare ...... (2) ufficio.

   (1) a. otto e trentacinque   (2) a. da

        b. nove meno trentacinque   b. in

        c. venticinque alle nove   c. al

C Risolvi il cruciverba.

Orizzontali

2. La stanza della casa dove prepariamo la cena.
6. Lo sport più famoso in Italia e non solo.
7. Una casa alta ha molti...
8. Dire di sì a un invito.
9. Cosa dico per salutare quando entro in un bar la mattina?

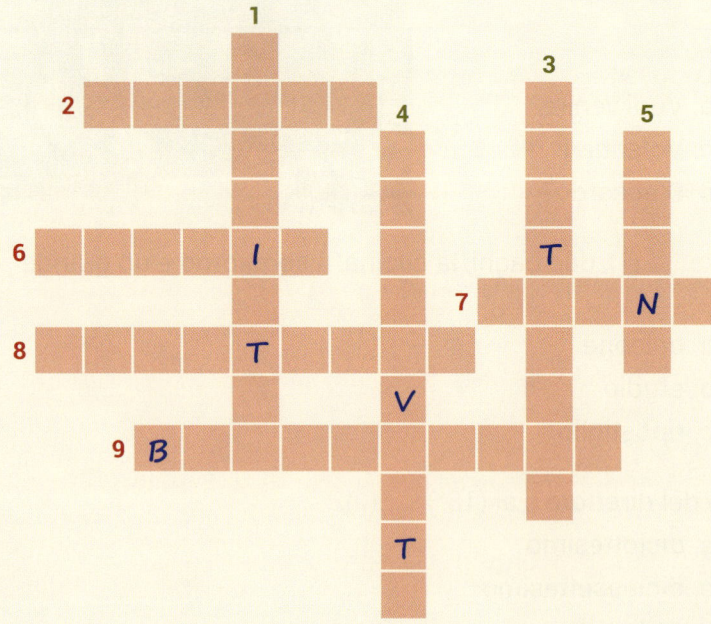

Verticali

1. Per entrare al cinema, a teatro, al museo o per prendere l'autobus o la metro devo avere il...
3. Ha sette giorni.
4. Il dialogo con un giornalista.
5. La stanza della casa dove facciamo la doccia.

Risposte giuste: .... / 35

Giochi

1° test di ricapitolazione

Quaderno degli esercizi

A Completa con l'articolo determinativo.

1. .... finestra
2. .... libri
3. .... bicchiere
4. .... amico
5. .... città
6. .... pesci
7. .... autobus
8. .... lezione
9. .... occhi
10. .... albero
11. .... giornale
12. .... pagina

.... /12

B Trasforma al plurale.

1. la casa grande ....
2. la macchina nuova ....
3. il problema lungo ....
4. il libro francese ....
5. il mare azzurro ....
6. la valigia verde ....
7. la turista simpatica ....
8. il film interessante ....

.... /8

C Completa con i verbi.

viviamo ◆ compro ◆ apre ◆ arriviamo ◆ vanno ◆ torna
arriva ◆ parliamo ◆ finisce ◆ leggono ◆ ha ◆ mangi

1. Stefania e Luca .... spesso a ballare.
2. Francesco .... una bella casa in centro.
3. Noi .... a Perugia da due anni e .... bene l'italiano.
4. L'edicola .... alle 6 e io .... il giornale prima di andare in ufficio.
5. Giorgio .... di lavorare alle 5 e .... a casa a piedi.
6. Mauro e Gianni tutte le mattine .... il giornale.
7. Carmen .... sempre tardi agli appuntamenti. Noi .... sempre in orario.
8. Perché tu .... così pochi spaghetti?

.... /12

D Completa con l'articolo indeterminativo.

1. .... notte
2. .... problema
3. .... zaino
4. .... espresso
5. .... mano
6. .... unità
7. .... gonna
8. .... studentessa
9. .... famiglia
10. .... gelato
11. .... opera
12. .... appartamento

.... /12

E Leggi il testo e scegli l'alternativa corretta.

Sono le otto: Carlo prende un caffè a casa e dopo va all'università. Alle nove ha lezione di storia e alle dodici lezione d'inglese. All'una e trenta va a mangiare con i compagni. Alle due e mezzo finiscono di mangiare, vanno al bar e prendono un caffè. Sono le quattro: inizia la lezione di storia dell'arte! Carlo saluta gli amici e torna all'università per la lezione. La lezione finisce alle sei e Carlo è libero: prende l'autobus e alle sette è a casa. Alle otto mangia con la famiglia, poi legge un libro. Alle undici e mezza va a letto.

1. Alle nove Carlo
   a. è all'università
   b. è ancora a casa sua
   c. prende un caffè al bar

2. A mezzogiorno Carlo
   a. ha lezione di storia
   b. va a mangiare
   c. ha lezione d'inglese

3. All'una e mezzo Carlo
   a. mangia con i suoi amici
   b. finisce di mangiare
   c. beve un caffè

4. Alle sei Carlo
   a. è libero
   b. ha ancora una lezione
   c. torna all'università

5. Alle sette Carlo
   a. torna a casa
   b. saluta gli amici
   c. va al bar

6. Alle otto Carlo
   a. va a letto
   b. mangia con la famiglia
   c. esce con gli amici

.... /6

F Completa con il presente indicativo dei verbi tra parentesi.

1. Noi non .... (sapere) se Luisa .... (arrivare) domani.
2. Io non .... (potere) restare, ... (dovere) tornare a casa.
3. Io non .... (sapere) usare bene il computer.
4. Noi .... (dovere) partire domani mattina presto.
5. Lui la mattina non .... (bere) il caffè.
6. Dino .... (andare) al mare questo fine settimana.
7. Io .... (spedire) una mail a un amico.
8. Signora, ... (volere) venire a Napoli con noi sabato?

.... /10

Risposte giuste: .... /60

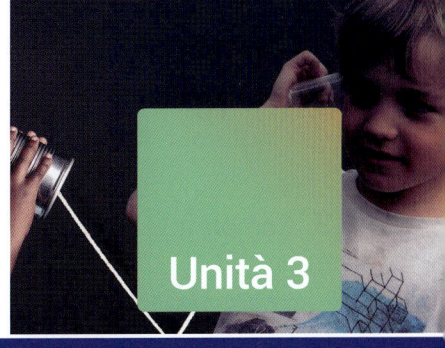

Tutti gli esercizi sono disponibili in formato interattivo su *www.i-d-e-e.it*

Quaderno degli esercizi

1 a Abbina le parole alle immagini.

 a ☐

 b ☐

 c ☐

 d ☐

 e ☐

 f ☐

1. *La lettera*	4. *I libri*
2. *Il computer*	5. *I fiori*
3. *Il gatto*	6. *Le chiavi*

b Dove sono? Guarda le immagini e scrivi le risposte, come nell'esempio in blu.

1. La lettera *è nella busta* .

2. Il computer ....

3. Il gatto ....

4. I libri ....

5. I fiori ....

6. Le chiavi ....

2 a Completa con le preposizioni date.

con il ◆ a ◆ ai ◆ per ◆ in

Bar Vaticano

Finalmente siamo .... (1) Roma! Dopo un lungo giro .... (2) città, arriviamo in un bar vicino .... (3) Musei Vaticani. Il bar è piccolo, perfetto .... (4) un pranzo veloce! Infatti, mangiamo due buonissimi panini .... (5) prosciutto e beviamo un buon caffè. Ottimo!

★★★★

b Completa con le preposizioni date, come nell'esempio.

del ◆ nel ◆ sui ◆ alle ◆ dall'
della ◆ dalla ◆ nelle

La via *del* (1) caffè

Cercate un'ora di relax poco lontano da Piazza .... (2) Repubblica? Potete provare questo locale! Ci sono più di 20 tipi di caffè: vengono .... (3) Colombia, ... (4) Ecuador, dal Brasile... da tutto il mondo! .... (5) bar non ci sono solo caffè, ma anche libri! .... (6) librerie, ... (7) tavoli, vicino .... (8) finestre, trovate libri sul caffè in tutte le lingue! Un posto davvero speciale!

★★★★

3 Completa le frasi con le preposizioni articolate *da* o *di*.

Amalfi

1. .... balcone di casa vedo il mare!
2. Passiamo la sera .... signori Baraldi.
3. Pierre ha un nome francese, ma viene .... Olanda.
4. Lui è il fratello .... mia ragazza.
5. Dov'è la casa .... fratelli di Antonia?
6. Domani pomeriggio devo andare .... dottore.
7. Questo è il libro .... studente e questo il quaderno .... esercizi.
8. Puoi telefonare a Piero stasera: è a casa .... otto alle dieci.

4 Completa con le preposizioni semplici e articolate.

1. La posta è vicino .... fermata .... autobus.
2. Quanti giorni restate .... città?
3. Domenica parto .... Francia.
4. Vado a casa una volta .... mese.

5. Siamo tutti .... bar .... guardare la partita alla tv.
6. Le chiavi di casa sono .... mia borsa.
7. Giorgia arriva .... aeroporto .... 20.
8. Casa mia è vicino .... università.

5 Osserva le immagini e forma cinque frasi come nell'esempio. Vedi anche l'Approfondimento grammaticale a pag. 198 del Libro dello studente.

regalo ♦ Roberto		a ♦ con gli		Marcella
io ♦ Milano		nell' ♦ della		professoressa
borsa ♦ treno		tra ♦ per ♦ sul		Italia del Nord
				amici ♦ casa
				venti minuti

Io sono a casa.

1. .... (essere)
2. .... (essere)
3. .... (partire)
4. .... (essere)
5. .... (essere)

6 Completa le frasi con le preposizioni semplici e articolate, come nell'esempio.

1. Aspetto Maria _in_ ufficio. ➡ Aspetto Maria _nell'_ ufficio del direttore.
2. Vado .... Argentina. ➡ Vado .... Argentina del Sud.
3. Giulia lavora .... banca. ➡ Marco lavora .... Banca del Lavoro.
4. Telefono .... Rita. ➡ Telefono .... mia collega.
5. Parliamo .... sport. ➡ Parliamo .... sport più famoso in Italia.
6. Vado a Milano .... treno. ➡ Vado a Milano .... treno delle 6.
7. Questa sera andiamo .... teatro. ➡ Questa sera andiamo .... teatro Ariston.
8. Sono .... biblioteca. ➡ Sono .... biblioteca dell'università.

7 Scegli l'alternativa corretta.

1. Vado in vacanza in/per Colombia.
2. Ogni anno vado al mare per l'/nell'Italia del Sud.
3. Venite anche voi in/a casa di Domenico?
4. Questo fine settimana parto per/a Torino.
5. Marco domani torna ai/dagli Stati Uniti.
6. I miei amici lavorano a/in banca.
7. Stasera andiamo tutti a/da Giulio? È il suo compleanno!
8. La lezione di italiano è dalle/nelle 10 alle 12.

8 Completa il testo: scrivi le parole date negli spazi rossi e le preposizioni semplici o articolate negli spazi verdi.

cellulari ◆ *tempo* ◆ *telefonata* ◆ *email* ◆ *lontani* ◆ *videochiamata*

Avete amici .... (1)? Per fortuna ci sono .... (2) e social network! Rimanere .... (3) contatto, raccontare la propria giornata, chiedere un parere... è tutto possibile .... (4) i messaggi, le chat e le .... (5).
Ma è davvero la stessa cosa? Perché qualche volta non proviamo il "vecchio" metodo? No, non parliamo .... (6) lettere o dei pacchi postali, ma .... (7) una semplice .... (8)!
Quando è importante telefonare? Beh, prima di tutto quando è passato molto .... (9) dall'ultima volta: non possiamo scrivere un semplice "Ciao, come va?" .... (10) una persona che non sentiamo .... (11) mesi! Poi, dobbiamo telefonare quando l'amico non sta bene: in questi momenti una telefonata può cambiare tutto. E se non potete usare la vecchia tecnologia... Beh, potete fare una .... (12)!

adattato da *www.elle.it*

9 Trasforma le frasi con il partitivo, come nell'esempio.

Compro un regalo a Gianni. → *Compriamo dei regali a Gianni.*

1. Ho un amico australiano. → Noi ....

2. Spedisco un'email. → Le dottoresse ....

3. Esce spesso con una ragazza italiana. → Noi ....

4. Viene a cena una persona importante. → Vengono ....

5. Luca è un bravo ragazzo. → Luca e Paolo sono ....

10 Guarda le immagini e rispondi alle domande.

  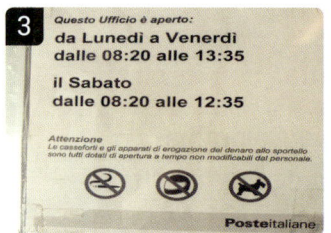 

1. A che ora chiude il negozio di borse Loly la mattina?

....

2. A che ora chiude il Parco Ciani a febbraio?

....

3. Il sabato, qual è l'orario di apertura dell'ufficio postale?

....

4. A che ora chiude la banca il pomeriggio?

....

5. A che ora apre la biblioteca il mercoledì?

....

6. Qual è l'orario di apertura del museo nel pomeriggio?

....

11 Completa le frasi con l'ora, come nell'esempio. Attenzione alla preposizione!

1. Sono alla stazione. Sono le otto e trentanove e il treno parte fra 16 minuti.

Il treno parte *alle nove meno cinque/alle otto e cinquantacinque*

2. Sono le tre. Il treno arriva fra un'ora e mezzo.

Il treno arriva ....

3. Sono le cinque. Aspetto Maria da un'ora.

Aspetto Maria ....

4. Mariella guarda l'orologio. È l'una: fra 45 minuti finisce di lavorare.

Mariella finisce di lavorare ....

5. Sono le dieci. Devo vedere il professore fra 90 minuti.

   Devo vedere il professore ....

6. Sono le sei. Carlo ha appuntamento con Anna fra un'ora.

   Carlo ha appuntamento con Anna ....

7. Sono le otto. Ho una lezione all'università fra un'ora e 15 minuti.

   Ho una lezione all'università ....

12 Completa con le parole e le espressioni date.

magari ◆ non so ◆ non sono sicuro ◆ penso ◆ probabilmente

● Allora, Francesco, vieni con noi al cinema o no?

● Mah… .... (1) cosa fare: sono un po' stanco e devo studiare… che film andate a vedere? Com'è? È bello?

● .... (2) di sì: Piero dice che è molto interessante. Allora? Vieni?

● Mmh… A che ora inizia il film?

● .... (3), alle sette… beh, non più tardi delle otto.

● Sì, ma dopo il film… di solito voi uscite a cena e fate tardi!

● .... (4) sì, ma se vuoi, tu puoi prendere la mia macchina e tornare a casa.

● No, dai, ... (5) un'altra volta: ho l'esame tra una settimana e devo studiare!

Giochi

13 Metti in ordine le parole per formare le frasi. Comincia con la parola blu.

1. il | sotto | è | gatto | il | letto di | Luca

   ....

2. è | la | dell' | autobus | del | fermata | a | destra | supermercato

   ....

3. di Marcello | casa | è | la | all' | accanto | ufficio postale

   ....

4. abbiamo | ed io | Marisa | dentro | appuntamento | la | stazione

   ....

5. panificio | è | ufficio | Mirca | di | davanti | il | all'

   ....

6. computer di | sopra | c'è | la | scrivania | il | Dario

   ....

14 Guarda l'immagine e completa la descrizione con le preposizioni e le espressioni date.

sopra ◆ sul ◆ sui ◆ sotto ◆ tra ◆ davanti ◆ vicino ◆ a destra

Il soggiorno di Grazia è molto luminoso perché ha una finestra molto grande e il divano e le poltrone sono bianchi. Il divano è .... (1) alla finestra e ci sono due tavolini .... (2) le poltrone e il divano. .... (3) alle poltrone c'è una lampada nera moderna. .... (4) i tavolini c'è un grande tappeto. .... (5) divano ci sono dei cuscini e .... (6) tavolini ci sono dei libri. C'è anche un camino. .... (7) il camino c'è una grande fotografia; .... (8) della fotografia ci sono una lampada e uno specchio.

15 Completa con *c'è* o *ci sono*.

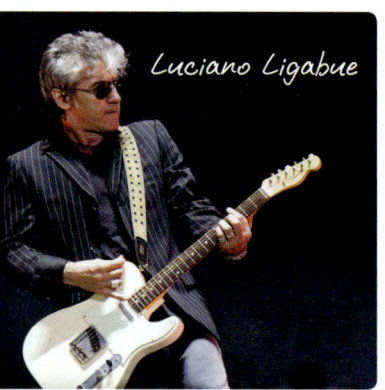

Luciano Ligabue

1. Se .... ancora biglietti per il concerto di Ligabue, vengo anch'io!
2. Oggi .... molto traffico in centro.
3. Nella mia classe .... molti studenti stranieri.
4. Questa città mi piace: .... la metro e .... molti autobus!
5. In Sicilia .... delle isole molto belle.
6. Vieni da noi stasera a guardare la TV? .... un film molto bello su Rai 2.
7. Se vuoi partire stasera per Trieste, ... un treno alle nove.
8. In ufficio .... una ragazza molto simpatica, si chiama Veronica.

16 Completa le frasi con i possessivi.

1. Maria, la .... casa è molto grande. Quanto paghi d'affitto?
2. Marco e il .... professore partono per Milano.
3. • Sai dov'è il mio quaderno?
   • Sì, il .... quaderno è qui.
4. • Di chi è questa borsa?
   • È di Michela, è la .... borsa.
5. Cerco la penna. Dov'è la .... penna?
6. Ho un piccolo gatto. Il .... gatto si chiama Gigi.

17 Completa i dialoghi: ringrazia o rispondi a un ringraziamento.

In centro
- Scusi, sa dov'è via del Fossato?
- Sì, è la terza strada a destra.
- ....
- Di niente!

In biblioteca
- Ecco, questo è il libro per l'esame.
- ....
- Figurati!

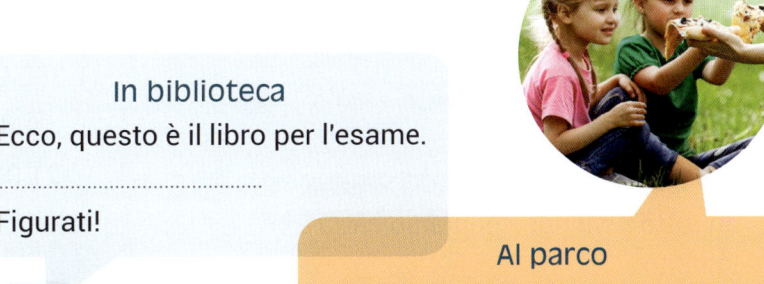

Al parco
- Mamma, possiamo avere la pizza?
- Certo!
- ....
- ....

18 Rispondi alle domande, come nell'esempio in blu.

In quale stagione è il mese di gennaio?
...... *In inverno* ......

1. In quale stagione è il mese di aprile?
....

2. In quale stagione andiamo al mare?
....

3. In quale stagione ci sono molti fiori?
....

4. In quale stagione è il mese di ottobre?
....

5. In quale stagione è il tuo compleanno?
....

19 Completa i messaggi della chat con le preposizioni semplici o articolate.

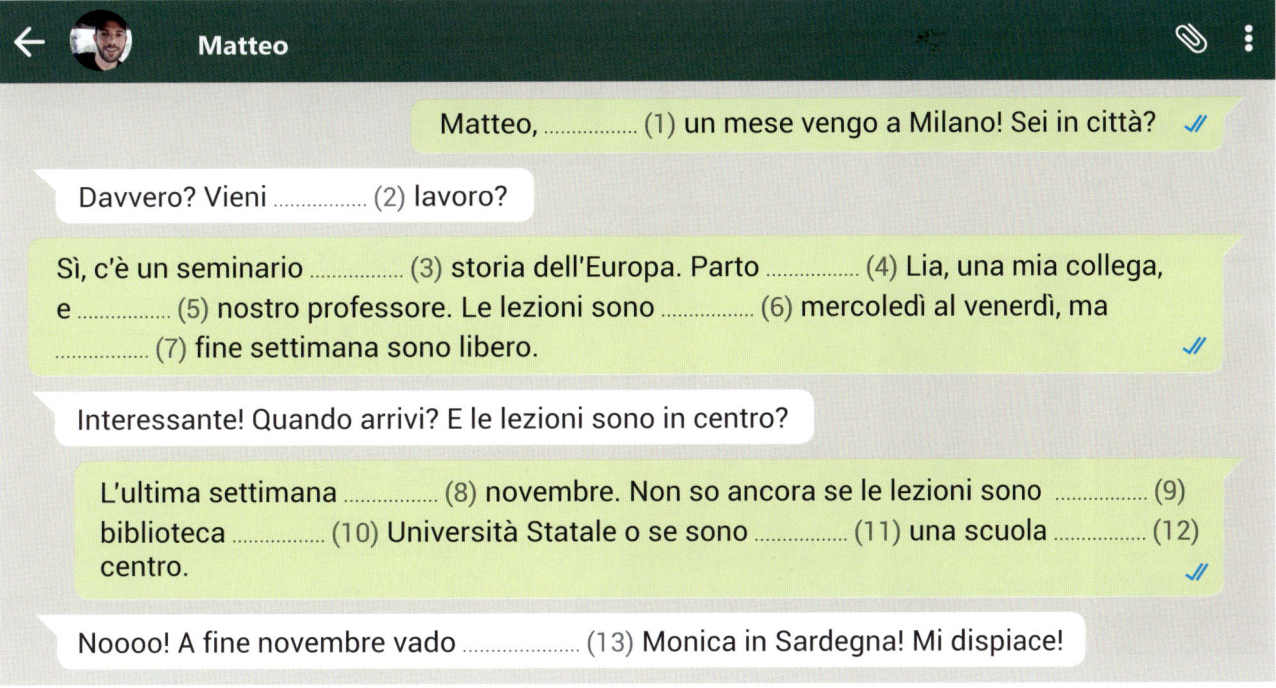

← Matteo

Matteo, ... (1) un mese vengo a Milano! Sei in città? ✓✓

Davvero? Vieni .... (2) lavoro?

Sì, c'è un seminario .... (3) storia dell'Europa. Parto .... (4) Lia, una mia collega, e .... (5) nostro professore. Le lezioni sono .... (6) mercoledì al venerdì, ma .... (7) fine settimana sono libero. ✓✓

Interessante! Quando arrivi? E le lezioni sono in centro?

L'ultima settimana .... (8) novembre. Non so ancora se le lezioni sono .... (9) biblioteca .... (10) Università Statale o se sono .... (11) una scuola .... (12) centro. ✓✓

Noooo! A fine novembre vado .... (13) Monica in Sardegna! Mi dispiace!

20 Scrivi i numeri in lettere.

1. A Venezia ci sono .... (435) ponti.
2. Milano ha .... (1.350.000) abitanti.
3. Il Monte Bianco è alto .... (4.810) metri.
4. Ogni giorno, più di .... (21.000) persone visitano il Colosseo.
5. In tutto il mondo spediamo circa .... (156.000.000) di email al minuto.
6. Ogni giorno nel mondo facciamo circa .... (340.000.000) di minuti di videochiamate.

21 Ascolta il dialogo e completa l'elenco con i monumenti e le città mancanti.

Monumento	Città
1. La Fontana di Trevi	
2.	Pisa
3. La Galleria degli Uffizi	
4. Il Maschio Angioino	
5. Trinità dei Monti	
6.	Firenze
7. Il Castello Sforzesco	
8.	Roma
9. Il Campanile di Giotto	
10. San Marco	

A Inserisci la preposizione (semplice o articolata) corretta.

Gabriella lavora .... (1) un negozio di borse .... (2) centro a Milano. Per essere .... (3) lavoro .... (4) nove deve uscire di casa .... (5) sette e mezzo. .... (6) la macchina va fino .... (7) stazione .... (8) metropolitana più vicina .... (9) casa e prende la linea 2. Di solito scende .... (10) Piazza Duomo e sale .... (11) tram 19. Qualche volta non prende il tram e va al negozio .... (12) piedi.

B Scegli l'alternativa corretta.

1. Signora Viuzzi, ... (1) cosa parla .... (2) suo ultimo libro?

   (1) a. per   (2) a. dal
        b. con   b. nel
        c. di   c. per il

2. Studio cinese .... (1) cinque anni e finalmente tra un mese parto .... (2) Cina!

   (1) a. con   (2) a. per la
        b. per   b. in
        c. da   c. dalla

3. Questa lettera è .... (1) professore di francese. Puoi spedire la lettera .... (2) ufficio postale?

   (1) a. al   (2) a. dall'
        b. per il   b. dello
        c. dal   c. dell'

4. • Scusi, signora, c'è una farmacia qui vicino?
   • Qui a destra, ... (1) alla banca.
   • .... (2)
   • Di niente.

   (1) a. accanto   (2) a. Ti ringrazio!
        b. dentro   b. Figurati!
        c. intorno   c. Grazie mille!

5. Vado .... (1) supermercato a comprare .... (2) latte. Vieni con me?

   (1) a. per il   (2) a. dei
        b. al   b. dello
        c. dal   c. del

6. L'Italia ha (60.000.000) .... (1) di abitanti, di questi circa (5.000.000) .... (2) sono stranieri.

   (1) a. settanta milioni (2) a. cinquecentomila
        b. seicento milioni   b. cinque milioni
        c. sessanta milioni   c. cinquemila

7. Nella mia città .... (1) un teatro e .... (2) due grandi cinema.

(1) a. c'è
    b. è
    c. ci sono

(2) a. ci sono
    b. stanno
    c. sono

8. Nella mia camera .... (1) letto c'è l'armadio e .... (2) finestra c'è la scrivania.

(1) a. tra il
    b. intorno
    c. a destra del

(2) a. vicino alla
    b. a sinistra
    c. dentro la

9. • Dov'è il mio libro?

  • Probabilmente è .... (1) libri che sono .... (2) tua scrivania!

(1) a. davanti agli
    b. tra i
    c. dentro gli

(2) a. accanto
    b. sulla
    c. tra

C Risolvi il cruciverba.

Risposte giuste: .... /40

Giochi

Buon fine settimana!

Unità 4

Quaderno degli esercizi

1 Completa con il participio passato dei verbi.

1. In questi giorni ho .... (visitare) tutti i musei della città.

2. Anna ha .... (spedire) un'email ieri mattina.

3. I ragazzi hanno .... (sentire) la notizia alla radio.

4. Domenica abbiamo .... (dormire) tutto il giorno!

5. Avete .... (sapere) che l'esame è la settimana prossima?

6. Chi ha .... (mangiare) il dolce?

7. Ho .... (avere) un'idea: andiamo al mare questo fine settimana?

8. Ho .... (ballare) con Vincenzo tutta la sera!

2 Completa con il passato prossimo dei verbi dati.

capire ◆ comprare ◆ finire ◆ sentire ◆ portare ◆ viaggiare ◆ vendere ◆ volere

1. Luisa, da quanti anni .... l'università?

2. Ragazzi, ...? Maria parte per l'Erasmus!

3. Io non .... perché non vuoi venire a teatro.

4. Mamma, ... il latte ieri?

5. Fabrizio e Nicola .... molto.

6. Per il suo compleanno, Mario non .... regali.

7. .... la macchina e adesso usiamo i mezzi pubblici.

8. Alla festa di Emilio, Luisa e io .... una torta molto buona.

3 Completa con il participio passato dei verbi e fai l'abbinamento per completare le frasi.

1. L'estate scorsa Eva e Lisa sono .... (partire)

2. Piero è .... (uscire) alle

3. L'altro ieri Paola è .... (andare) in

4. Aldo e Luca sono .... (tornare) tre giorni fa

5. Siamo .... (stare) tutta la sera

6. Vincenzo è .... (entrare) in classe

7. Laura, sei .... (salire) sul

8. Le ragazze sono .... (arrivare) con

a. tram senza biglietto?

b. con 15 minuti di ritardo.

c. sei di mattina.

d. piscina.

e. da Parigi.

f. per il Marocco.

g. a casa a leggere.

h. il treno delle otto.

4 Chi è stato? Fai l'abbinamento, come nell'esempio.

1. Sabato scorso siamo andati in montagna. *(f)*
2. Sono restato tutto il giorno a casa.
3. È arrivata con la posta di ieri.
4. È andato ad aprire la porta.
5. Siete usciti con Piero ieri sera?
6. Sei stato al mare domenica?
7. È tornata subito a casa per prendere il cellulare.
8. Sono partite molto tardi.

a. io
b. tu
c. Franco
d. tua zia
e. una lettera
f. mio fratello e io
g. tu e Rossana
h. Giovanna e Gina

5 Completa le frasi, come nell'esempio in blu.

partire la settimana scorsa ✦ uscire a fare spese ✦ andare al cinema ✦ arrivare da poco in Italia
studiare molto per l'esame di domani ✦ mangiare un panino ✦ dormire molto ✦ trovare traffico

Simone è tranquillo perché *ha studiato molto per l'esame di domani.*

1. I ragazzi tornano a casa più tardi perché ....
2. Siete stanchi perché non ....
3. Sono andato al bar per pranzo e ....
4. Mustafà non conosce bene la lingua italiana perché ....
5. I signori Dardano sono in vacanza: ....
6. Bruna ha la gonna e gli stivali nuovi: ieri ....
7. Siamo in ritardo perché ....

6 Completa le frasi con un verbo al passato prossimo, come nell'esempio.

1. Dopo la lezione di pianoforte torno sempre a casa con Massimiliano, ma ieri *sono tornato* a casa in tram.

2. L'autobus passa tutte le mattine alle sette. Ieri mattina, però, ... con quaranta minuti di ritardo.

3. Marta e Giorgio, ogni sabato sera, vanno in discoteca e ballano fino alle 5. Anche sabato scorso, Marta e Giorgio .... in discoteca e .... fino alle 5.

4. Giulia resta a casa tutto il giorno. Anche ieri Giulia .... a casa tutto il giorno.

5. Oggi comincia il corso di lingua tedesca. Due giorni fa .... il corso di lingua giapponese.

6. Michele finisce di lavorare alle 16, io finisco alle 15.45. Di solito aspetto Michele al bar sotto l'ufficio, ma ieri non .... Michele perché lui .... di lavorare dopo le 17.

7 Scegli l'alternativa corretta.

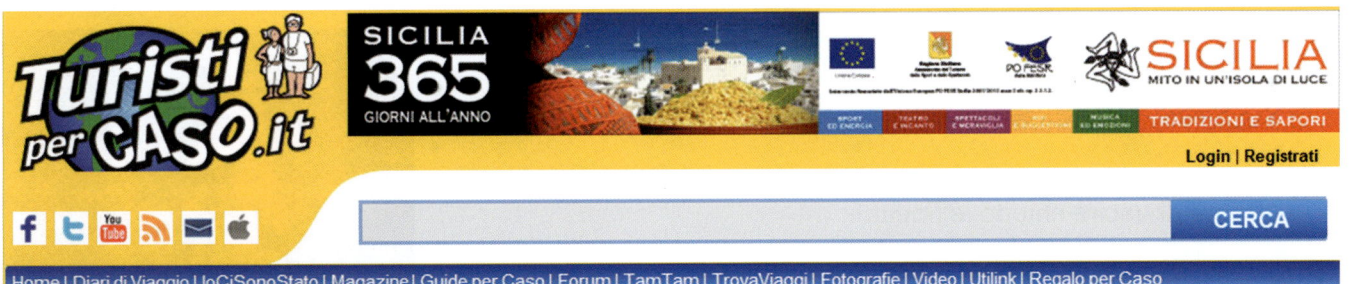

Questo fine settimana io e Veronica abbiamo fatto una breve vacanza. Sabato siamo partiti per Bologna con il treno delle 17 e siamo arrivati dopo/poi/prima (1) circa 3 ore. Prima di/Così/Subito (2) andare a mangiare, abbiamo lasciato le valigie in albergo. Più tardi/Alla fine/Dopo (3) cena abbiamo camminato per il centro, abbiamo visto Piazza Maggiore, la Fontana del Nettuno e le Due Torri. Stamattina/Prima/Poi (4) verso l'una siamo andati a dormire. Domenica mattina, per prima cosa/più tardi/prima di (5) abbiamo fatto colazione in albergo e dopo/prima/così (6) siamo andati a visitare il Museo Ducati. Dopo/Poi/Alla fine (7) il museo, abbiamo visitato il Duomo di Bologna, la Chiesa di San Petronio e, verso le 14, abbiamo mangiato in un ottimo ristorante; la sera abbiamo visto uno spettacolo al Teatro Duse... siamo stati così bene che alla fine/dopo/prima (8) non siamo partiti domenica sera, ma lunedì mattina!

8 a Riscrivi le frasi: sostituisci le parti in verde con *ci*, come nell'esempio.

Vado in Italia ogni anno in estate.
Ci vado ogni anno in estate.

1. Vado in palestra tutti i giorni.

2. Vivo a Roma da tre anni.

3. Mangio al ristorante "Da Pino" la domenica con i miei amici.

4. Sono andata tutte le domeniche allo stadio.

5. Vado al concerto di Jovanotti con Maria.

6. Ho messo nello zaino i panini e il caffè.

b Completa le risposte con *ci* e il verbo alla forma corretta.

1. ● Siete rimasti molto a Venezia?
   ● No, ... solo pochi giorni.

2. ● Sei già andato alla mostra di Depero?
   ● Sì, ... sabato.

3. ● Chi abita nell'appartamento al terzo piano?
   ● .... dei ragazzi spagnoli.

4. ● Cosa hai messo nella borsa?
   ● .... solo alcuni libri.

5. ● Perché vivi in centro?
   ● .... perché così non devo usare la macchina.

6. ● Passate molto tempo in piscina?
   ● No, ... solo 2 ore.

7. ● Quando sei andata in Svizzera?
   ● .... a febbraio.

9 Trasforma al passato prossimo.

1. I signori Motta vincono un viaggio a Venezia!

   ....

2. Marco legge il giornale in salotto.

   ....

3. Prima di uscire chiudo le finestre.

   ....

4. Mario viene a Torino in giugno.

   ....

5. Spendiamo molti soldi in libri.

   ....

6. Suono il pianoforte all'aeroporto di Roma.

   ....

7. Serena vede tutti i film di Fellini!

   ....

8. Scrivo una mail a Lia e spengo il computer.

   ....

10 Completa l'articolo con il passato prossimo dei verbi.

| SEZIONI ▼ | EDIZIONI LOCALI ▼ | CORRIERE TV | ARCHIVIO | TROVOCASA | TROVOLAVORO | SERVIZI ▼ | CERCA 🔍 | 👤 LOGIN | ABBONATI | C+ | PER TE |

CORRIERE DELLA SERA

Meteo: Milano | 7°

Turista sale sulla Fontana di Trevi

ROMA – Un turista, un signore italiano di 40 anni, ... (1. **scegliere**) la Fontana di Trevi per passare il suo tempo libero.

L'uomo .... (2. **salire**) sulla fontana, ... (3. **fare**) delle telefonate con il cellulare, ... (4. **mangiare**) un panino e .... (5. **cominciare**) a leggere un libro...

Un quarto d'ora dopo, verso le 2, ... (6. **arrivare**) i carabinieri, poi anche i vigili del fuoco, che .... (7. **chiedere**) all'uomo di scendere, ma lui .... (8. **rimanere**) sulla fontana ancora due ore e quando, finalmente, ... (9. **scendere**), ha detto: «Nessun problema, sono professore di storia dell'arte...».

adattato da *www.corriere.it*

11 Metti in ordine le parole per formare le frasi. Comincia con la parola blu.

1. la | ho | Torino | settimana | visitato | scorsa

....

2. mia famiglia | fa | cambiato | io e la | casa | 15 anni | abbiamo

....

3. di Genovesi | uscito | nel | scorso | film | novembre | l'ultimo | è

.... ?

4. le | aprono a | giugno | scuole | a | chiudono | settembre e

....

5. è | gennaio | nel | nato | 1985 | del | Elio | lo zio

....

6. dicembre | perché | cinema Astra | chiudono il | in

.... ?

7. il caffè "Al Bicerin" | nato | tempo | fa | è | molto | di Torino

....

8. di giardinaggio | prossimo | mese | il | faccio | lezioni | delle

....

12 Scegli l'alternativa corretta.

1. Per me la matematica è appena/sempre/mai stata difficile.

2. Non ho sempre/poi/mai visto un film così bello!

3. Il mese non è ancora/già/anche finito e noi abbiamo ancora/già/dopo speso tutti i soldi!

4. È partito e da quel momento non ha più/già/fa scritto o telefonato.

5. Ho ancora/dopo/appena finito di parlare con il direttore del tuo problema.

6. Qualche giorno fa/appena/più sono passata da Marinella per un caffè.

13 Fai l'abbinamento, come nell'esempio in blu.

Giochi

1. listino
2. caffè
3. cappuccino
4. tiramisù
5. spremuta d'arancia
6. bibita in lattina
7. cornetto
8. panino

14 Completa il dialogo: metti i verbi negli spazi rossi e i sostantivi negli spazi blu.

panino ◆ prendi ◆ caffè ◆ vorrei ◆ fame ◆ lattina
c'è ◆ gelato ◆ prendo ◆ spremuta d'arancia

cameriera: Buongiorno, cosa prendete?

Luisa: Mario, tu cosa .... (1)?

Mario: Non so, non ho ancora deciso...
.... (2) il listino? Dov'è?

Barbara: Ecco, è qui!

Mario: Grazie! Allora... io .... (3)
mangiare qualcosa: un
.... (4) con mozzarella e
pomodoro e da bere un'aranciata.

Luisa: E tu, Piero?

Piero: Io prendo solo una .... (5), ho una sete...

Luisa: Va bene... E tu Barbara, hai .... (6)?

Barbara: No, grazie! .... (7) solo un .... (8).

Mario: Ehm, scusi. Per me l'aranciata non in .... (9), ma in bottiglia.

Luisa: E per me... un .... (10) al cioccolato.

cameriera: D'accordo, grazie!

15 a Due coppie (Alberto e Valeria - dialogo 1; Giulio e Alessia - dialogo 2) sono al bar. Ascolta i due dialoghi e indica cosa hanno ordinato.

28

	Alberto	Valeria	Giulio	Alessia
caffè	☐	☐	☐	☐
cappuccino	☐	☐	☐	☐
caffè macchiato	☐	☐	☐	☐
cioccolata	☐	☐	☐	☐
toast	☐	☐	☐	☐
panino con pomodoro e mozzarella	☐	☐	☐	☐
tramezzino con prosciutto e mozzarella	☐	☐	☐	☐

	Alberto	Valeria	Giulio	Alessia
succo di frutta	☐	☐	☐	☐
spremuta d'arancia	☐	☐	☐	☐
bibita in lattina	☐	☐	☐	☐
bottiglia d'acqua naturale	☐	☐	☐	☐
birra alla spina	☐	☐	☐	☐
cornetto	☐	☐	☐	☐
pezzo di torta	☐	☐	☐	☐
gelato	☐	☐	☐	☐

La bottega del Caffè

b Ascolta di nuovo e indica se le affermazioni sono vere o false.

V	F

1. Valeria non mangia spesso cioccolato.
2. Alberto ha molta fame.
3. Giulio ha già bevuto un caffè.
4. Alessia preferisce il caffè lungo.

16 Fai l'abbinamento.

1. Le ragazze non sono
2. Sono stato male e non sono potuto
3. Abbiamo dovuto
4. Perché non sei
5. Stefano è
6. Professore, perché ha dovuto
7. Siamo dovuti
8. Lucia, perché ieri non hai

a. spedire i test di italiano a Perugia?
b. voluto mangiare il panino al prosciutto?
c. dovuto partire da solo.
d. andare alla lezione di inglese.
e. chiedere informazioni per trovare casa tua.
f. volute rimanere dopo cena.
g. tornare presto perché domani andiamo a scuola.
h. voluta venire con me a teatro?

17 Trasforma le frasi al passato prossimo.

1. Monica e Ida vogliono andare in biblioteca a piedi.
   ....

2. Antonia vuole comprare un divano nuovo.
   ....

3. Per il tuo amico non posso fare niente!
   ....

4. Vogliamo vedere tutto il film.
   ....

5. Per andare al lavoro deve prendere l'autobus.
   ....

6. Luisa deve rimanere a casa per studiare.
   ....

7. Giancarlo non può tornare per l'ora di cena.
   ....

8. Elisabetta deve passare da Mario.
   ....

18 Costruisci delle brevi storie con le seguenti informazioni.

1. Mio fratello | vivere molto tempo estero | abitare dieci anni Stati Uniti | otto anni Cina

   ....

   ....

2. Ieri | bar sotto casa | incontrare Nicola | prendere caffè insieme | andare in giro negozi | Nicola comprare dei libri | io non comprare niente

   ....

   ....

3. Questa mattina | sciopero mezzi trasporto | ma noi non restare a casa | telefonare Piero | andare in ufficio sua macchina

   ....

   ....

19 Completa con le preposizioni.

Abito .... (1) Bologna .... (2) più di 10 anni. Lavoro .... (3) centro, in un bar. Lavoro cinque giorni .... (4) settimana, dal martedì .... (5) sabato. Il sabato lavoro .... (6) 10 .... (7) 18; gli altri giorni, invece, inizio prima. Vado al lavoro .... (8) piedi perché non abito molto lontano .... (9) bar. Il sabato sera e la domenica spesso vado al cinema, ... (10) teatro o a cena fuori con gli amici.

20 Completa gli spazi blu con il passato prossimo, gli spazi verdi con il presente e gli spazi rossi con le parole e espressioni date.

con

alla fine

fra

vicino

Da lì parte una strada che .... (1. portare) a un piccolo ristorante, si chiama Ungheria, e dentro .... (2. esserci) una bella donna .... (3) il suo uomo: non .... (4. sapere, loro) bene l'italiano e .... (5) loro parlano ungherese. Una sera, un uomo di circa sessant'anni .... (6. entrare) nel ristorante, ... (7. andare) a un tavolo .... (8) alla finestra e .... (9. ordinare) da mangiare.
.... (10) della cena, l'uomo .... (11. prendere) un caffè corretto e senza salutare .... (12. uscire).

adattato da *Il filo dell'orizzonte* di A. Tabucchi

21 Scegli l'alternativa giusta.

Il Caffè Gustavo è un piccolo bar nel centro/ufficio/festival (1) della città. La mattina, molte persone ci vanno a fare cena/colazione/appuntamento (2). Con il caffè o il cornetto/cappuccino/violino (3) potete mangiare i dolci della mamma di Gustavo. A mezzogiorno è possibile mangiare un tramezzino/aperitivo/pizza (4) o un panino. La sera, quando c'è musica jazz, al Caffè Gustavo c'è sempre tanta mensa/concerto/gente (5), soprattutto ragazzi.

A Completa il racconto con la forma corretta di *essere* o *avere*.

Ieri mattina Massimo ....(1) voluto fare un giro per le strade del centro. ....(2) preso l'autobus 19A ed ....(3) sceso dopo dodici fermate, in Piazza Garibaldi. È qui che Massimo ....(4) incontrato Carla. Insieme ....(5) entrati al bar "Orlando". Massimo ....(6) preso un caffè e un pezzo di torta al cioccolato, Carla, invece, ...(7) bevuto una spremuta d'arancia e .... (8) mangiato un tramezzino al prosciutto cotto. Verso mezzogiorno, Carla ....(9) dovuta andare via e Massimo ....(10) potuto continuare il suo giro in centro.

B Scegli l'alternativa corretta.

1. Giacomo ......(1) da Parigi dove ......(2) un appartamento.

   (1) a. ha tornato   (2) a. è comprato
        b. è tornata   b. ha comprato
        c. è tornato   c. ha comprata

2. L'ultimo autobus ......(1) 10 minuti fa, per questo ......(2) il taxi.

   (1) a. ha passato   (2) a. siamo presi
        b. passa   b. abbiamo preso
        c. è passato   c. è preso

3. Alfonso ......(1) subito Lucia quando ......(2) del nuovo lavoro.

   (1) a. ha chiamato   (2) a. ha saputo
        b. è chiamato   b. abbiamo saputo
        c. chiama   c. avete saputo

4. Ragazzi, perché ......(1) salire sul treno non ......(2) il biglietto?

   (1) a. prima di   (2) a. convalidano
        b. prima   b. siete convalidati
        c. dopo   c. avete convalidato

5. Il fratello di Lorenzo è nato ......(1) del 1998; la sorella, che è più piccola, è nata ......(2).

   (1) a. nel 23 marzo   (2) a. a giugno 1990
        b. 23 marzo   b. il giugno del 1990
        c. il 23 marzo   c. nel giugno del 2005

6. Maria, ...(1) alla festa che hanno fatto all'università ......(2)?

   (1) a. sei andata   (2) a. la settimana scorsa
        b. hai andato   b. settimana fa
        c. sei andato   c. settimana passata

7. • Francesco, hai ...... (1) ordinato?
   • No! Io vorrei bere un ...... (2) E tu, Paola?
   • Prendo un panino e una spremuta!

   (1) a. sempre   (2) a. cappuccino
        b. ancora   b. gelato
        c. già   c. tramezzino

8. I ragazzi non ...... (1) fare gli esercizi perché ...... (2) andare dal medico.

   (1) a. sono dovuto   (2) a. sono dovuti
        b. hanno potuto   b. hanno voluto
        c. hanno saputo   c. siete potuti

C Risolvi il cruciverba.

Orizzontali

5. Musica, canzoni dal vivo.
6. Luogo dove mangiano gli studenti universitari.
7. Un espresso con un po' di latte.
8. Posto dove vedere opere d'arte.
9. Se abbiamo sete, prendiamo una ... :
   può essere in bottiglia o in lattina.

Verticali

1. Una bottiglia d'acqua minerale ... .
2. Un panino al bar: ... e mozzarella.
3. Può essere bionda, chiara, scura;
   in bottiglia o alla spina.
4. Insieme alla mozzarella,
   è necessario per la pizza
   Margherita!

Risposte giuste: .... /35

Giochi

Tempo di vacanze

Unità 5

1 Oggi è domenica 20 novembre. Osserva l'agenda e completa le frasi con le espressioni date.

*Fra una settimana ♦ Venerdì
Dopodomani ♦ Sabato
Il 30 dicembre ♦ Domani
A Capodanno ♦ Il mese prossimo*

1. ....
   inizierò il corso di inglese.

2. ....
   darò l'esame di Storia dell'arte.

3. ....
   uscirò: vado a cena con i miei compagni.

4. ....
   resterò a casa a studiare.

5. ....
   andrò al cinema con Gino e Maria.

6. ....
   passerò qualche giorno da mia sorella Pina a Firenze.

7. ....
   visiterò gli Uffizi.

8. ....
   partirò per la montagna.

NOVEMBRE

21	Lunedì	*inizio corso inglese*
22	Martedì	*esame storia dell'arte*
23	Mercoledì	
24	Giovedì	
25	Venerdì	*cena con i compagni*
26	Sabato	*studiare!*
27	Domenica	*cinema con Gino e Maria*
28	Lunedì	
29	Martedì	
30	Mercoledì	

DICEMBRE

1	Giovedì	
2	Venerdì	
3	Sabato	
4	Domenica	
5	Lunedì	
6	Martedì	
7	Mercoledì	
8	Giovedì	
9	Venerdì	
10	Sabato	
11	Domenica	
12	Lunedì	
13	Martedì	
14	Mercoledì	

15	Giovedì	
16	Venerdì	
17	Sabato	
18	Domenica	
19	Lunedì	
20	Martedì	
21	Mercoledì	
22	Giovedì	
23	Venerdì	
24	Sabato	
25	Domenica	
26	Lunedì	
27	Martedì	*da Pina!*
28	Mercoledì	*Pina*
29	Giovedì	*Pina*
30	Venerdì	*Uffizi*
31	Sabato	

GENNAIO

1	Domenica	*montagna*
2	Lunedì	
3	Martedì	
4	Mercoledì	
5	Giovedì	
6	Venerdì	
7	Sabato	
8	Domenica	

2 Fai l'abbinamento per completare le frasi.

1. Se finirai presto di lavorare
2. Maria passerà l'esame
3. A Capodanno festeggeremo
4. Al mare prenderò
5. A Milano io e Giulia visiteremo
6. Lucia andrà in campeggio e

a. la mostra di Burri a Palazzo Reale.
b. faremo una passeggiata in centro.
c. il sole tutto il giorno!
d. perché ha studiato molto.
e. dormirà in tenda? Davvero?!
f. con i parenti del mio ragazzo.

3 Scegli l'alternativa corretta.

1. Con questo traffico, se non esci subito, perderò/perderai/perderanno il treno.

2. Marco cambieranno/cambierà/cambierai appartamento perché il suo è piccolo.

3. Quest'estate io e la mia famiglia passerà/passeranno/passeremo le vacanze al mare.

4. Ho fatto la pizza perché i ragazzi torneranno/tornerò/torneremo per cena.

5. Sabato prossimo Giulio e io giocherò/giocherà/giocheremo a tennis.

6. Oggi tu e papà finiremo/finiranno/finirete presto di lavorare?

7. Zio, per andare a Roma, tu prenderò/prenderanno/prenderai il treno o l'aereo?

8. Io leggerò/leggerà/leggeranno il tuo libro questo fine settimana.

4 Completa con il futuro dei verbi.

1. La settimana prossima .... (scrivere) una lunga mail a mio fratello.

2. Il festival .... (ospitare) un famoso pianista.

3. La prossima estate Luisa e Ada .... (partire) per un bellissimo viaggio in Europa.

4. Io e Lia domani mattina .... (uscire) alle 6 per andare a correre al parco.

5. Stasera lo spettacolo .... (finire) alle undici.

6. Ah! Finalmente domani .... (arrivare) la primavera!

7. Stasera .... (ascoltare) anche voi il nuovo programma di Radio 2?

8. Domani, Simone .... (andare) a teatro e .... (vedere) una commedia.

5 Completa con il futuro dei verbi dati.

andare ♦ cominciare ♦ dare ♦ essere ♦ fare (2) ♦ restare ♦ avere

1. Anche se è settembre, il tempo è ancora bello: io e i bambini .... ancora due o tre giorni qui al mare.

2. Ragazzi, che regalo .... a Marta? Domani è il suo compleanno.

3. Se non puoi partire adesso, noi .... questo viaggio un'altra volta.

4. Se non hanno studiato abbastanza, Marco e Giulia .... l'esame di Storia il mese prossimo.

5. Sono già le otto: i ragazzi .... fame!

6. Il libro di Pavese? .... nello studio, sulla scrivania.

7. Quest'estate Giovanna .... un mese in Inghilterra, a Brighton, per un corso di inglese.

8. A settembre io .... un corso di lingua giapponese.

6 Completa il dialogo con il futuro dei verbi dati.

visitare ✦ fare ✦ potere ✦ partire ✦ tornare ✦ mangiare
dormire ✦ telefonare ✦ venire ✦ suonare ✦ prenotare

● Pronto, Luca? Sono io, Matteo. Come stai?

● Oh, ciao Matteo! Tutto bene, grazie. Tu?

● Bene, grazie. Io, Giovanni e Marco .... (1) una breve gita a Roma. Vuoi venire con noi?

● Che bella idea! Non vado a Roma da molti anni. Quando? Avete già fatto un programma?

● Allora... È l'ultimo fine settimana di marzo: .... (2) venerdì subito dopo il lavoro e .... (3) lunedì sera. Per il programma... beh, sicuramente .... (4) il centro; poi sabato sera Mannarino .... (5) in un bar a San Lorenzo e... beh, ... (6): lo sai, no, che Giovanni ama la cucina tipica!

● Mannarino in concerto?! Beh, allora non posso mancare! Ma dove .... (7)?

● Stasera .... (8) a mia cugina Maddalena che studia a Roma. Magari .... (9) stare da lei... oppure .... (10) un appartamento con due camere. Allora? Che dici? .... (11)?

● Certo! Prenota tutto anche per me Luca, grazie!

7 Per completare le risposte scegli l'espressione adatta e coniuga il verbo al futuro, come nell'esempio.

essere americani ✦ bere un caffè ✦ dormire già da un po' ✦ studiare l'ultimo giorno
rimanere a casa ✦ essere dal dottore ✦ volere andare a Venezia ✦ avere più di vent'anni

1. ● Ho provato a chiamare Angela, ma non risponde.
   ● Non so, ieri non è stata bene, *sarà dal dottore* ...

2. ● Ha chiamato Giacomo. Ha detto che chiamerà più tardi. Ha parlato di una gita.
   ● Ah sì, ... questo weekend.

3. ● Ho invitato Cesare al cinema, ma mi ha detto di no! Tu sai che cosa fa stasera?
   ● ....: di solito non esce la domenica sera.

4. ● Secondo te, di dove sono i turisti?
   ● Chissà, ...

5. ● Dino ha un esame la settimana prossima e non ha ancora aperto un libro!
   ● ...., come sempre.

6. ● Hai visto Ines, la ragazza di Fabio, hai visto com'è giovane?!
   ● Sì, non ....

7. ● E Rosa? Non c'è?
   ● No, a quest'ora, secondo me, ...

8. ● Allora, io prendo un caffè, tu un cappuccino e... Mario? Cosa prende?
   ● Mah, ... anche lui, no?

8 Come sarà la nostra vita fra 50 anni? Scrivi le descrizioni, come nell'esempio in blu.

essere | città più pulite | senza smog → *Le città saranno più pulite e senza smog.*

1. esserci | grandi città | piccoli paesi

   ....

   ....

2. abitare | case piccole | tecnologiche

   ....

   ....

3. usare | in città | solo biciclette | mezzi pubblici | viaggi lunghi | treni veloci

   ....

   ....

4. non esserci | auto a benzina | esserci solo auto elettriche

   ....

   ....

5. lavorare meno | avere | tempo libero essere | meno stressati

   ....

   ....

6. persone | vivere | di più

   ....

9 Completa le frasi con il verbo al futuro e poi fai l'abbinamento.

1. Secondo me, se .... (bere) molte
2. Sì, è vero, non faccio sport... domani
3. Se passerà l'esame, Lucia lavorerà e
4. Se andremo a Rimini per Natale,
5. Appena .... (sapere) che l'esame è a luglio,
6. Io e la mamma andremo a fare spese con Silvia,
7. Hai sentito? Lunedì non ci saranno treni...

a. .... (vivere) a Roma per 3 anni.
b. Chissà! .... (esserci) uno sciopero!
c. se .... (tenere) tu i bambini domani.
d. spremute d'arancia, starai molto meglio!
e. .... (venire) in palestra con te!
f. i miei compagni studieranno giorno e notte!
g. io e mio fratello .... (vedere) Mara e Federica!

10 Abbina le frasi ai disegni e scrivi che cosa farà oggi Pietro, come nell'esempio in blu.

 1 g
 2
 3
 4

 5
 6
 7
 8

a. ore 18 andare palestra

b. prendere autobus; arrivare ufficio ore 9

c. pranzo, mangiare qualcosa con collega

d. ore 21, cenare, casa, Cinzia

e. aprire finestra, preparare caffè

f. accendere radio, fare colazione

g. fare doccia

h. ore 8:15 uscire di casa

1. *Farà la doccia.*
2. ....
3. ....
4. ....
5. ....
6. ....
7. ....
8. ....

11 Metti in ordine le battute del dialogo.

Giochi

Viaggiatore

[ ] Ecco a Lei. Ah, e da che binario parte?

[3] Preferisco l'Intercity.

[ ] No, solo andata. Quant'è?

[ ] Perfetto, grazie. Buon pomeriggio!

[ ] Buongiorno, vorrei andare a Napoli.

Impiegato

[ ] Buongiorno. Allora... c'è un Frecciarossa alle 17.10 e un Intercity alle 17.30.

[ ] Per un posto in seconda classe sono 27 euro.

[4] Certo. Andata e ritorno?

[ ] Dal binario 12.

[ ] Buon viaggio!

12 Completa i mini dialoghi con le parole date.

vicino ✦ *controllore* ✦ *carrozza* ✦ *prima classe* ✦ *biglietteria*

1. ● Buongiorno, scusi, dov'è la .... (1)?
   ● Lì a destra, ... (2) al bar.
   ● Grazie!

2. ● Scusa, sai dov'è la .... (3) 11?
   ● Mmh... sarà in fondo al treno...
   ● No, lì ci sono le carrozze di .... (4).
   ● Allora, non lo so. Perché non chiedi al .... (5)?
   ● Sì, grazie!

13 Fai l'abbinamento per formare le frasi, come nell'esempio.

1. Non appena avrò preso la laurea, (*f*)
2. Solo dopo che avrete letto il libro,
3. Potremo uscire a fare una passeggiata,
4. Quando il professore avrà spiegato l'uso del futuro composto,
5. Se tra mezz'ora Aldo non sarà arrivato,
6. Appena avranno deciso la data,
7. Non posso rispondere, ti telefonerò
8. Solo quando avrete aperto il pacco,

a. non avrai più nessun dubbio.
b. andremo al ristorante senza di lui.
c. appena sarò arrivato a casa.
d. chiederanno un giorno di permesso.
e. capirete perché è così famoso.
f. cercherò lavoro.
g. scoprirete qual è il regalo.
h. solo dopo che avremo fatto gli esercizi.

14 Usa *dopo che*, *quando*, *appena* per trasformare le frasi, come nell'esempio.

Tornerà Teresa e daremo una festa.
Quando (Appena/Dopo che) sarà tornata Teresa, daremo una festa.

1. Arriveremo in albergo e faremo una doccia.
   ....

2. Domani vedrò Lia e poi andrò a cena con i miei cugini.
   ....

3. Finirete di studiare e potrete uscire.
   ....

4. Vedrò lo spettacolo e uscirò a bere qualcosa.
   ....

5. Sabato i Martini faranno la spesa e poi puliranno casa.
   ....

6. Arriverò a casa e preparerò la cena.
   ....

15 Completa le frasi con i verbi al futuro semplice o composto.

Piazza del Campo, Siena

1. Se .... (venire, tu) a Siena per le vacanze .... (potere, noi) visitare anche i paesi vicini!

2. Mi dispiace, non .... (potere, io) continuare il corso: il prossimo mese .... (andare) a vivere all'estero.

3. Appena Emma .... (dare) anche l'esame orale, ... (andare) in vacanza al mare con i nonni e con i cugini.

4. Appena .... (andare, noi) a vivere nel nuovo appartamento di via del Fossato, ... (invitare) a cena i nostri ex compagni di università.

5. Non è ancora arrivato Giovanni? Chissà... .... (perdere) l'autobus.

6. .... (telefonare, io) a Elena, quando il film .... (finire).

7. Non amiamo viaggiare in aereo, per questo .... (prendere) il treno anche se .... (arrivare) più tardi.

8. Dopo che Lucia .... (tornare) dal prossimo viaggio di lavoro, ... (fare) un viaggio insieme in Francia.

16 Che tempo fa? Abbina le espressioni alle immagini.

1 ☐

2 ☐

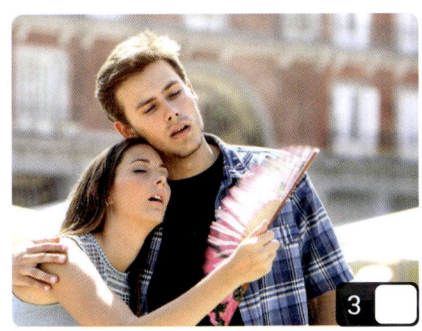
3 ☐

4 ☐

5 ☐

a. Fa caldo.
b. Piove.
c. È nuvoloso.
d. Tira vento.
e. C'è la nebbia.

17 Completa il dialogo con le preposizioni e gli articoli indeterminativi.

• Questo fine settimana sono andata .... (1) Camilla, a Padova. Sabato abbiamo fatto .... (2) giro in centro e poi, verso le 8, siamo andate .... (3) mangiare in .... (4) ristorante vegano fuori città... È di un attore famoso...

• Ma dai! Vegano! Avete mangiato bene?

• Sì, tutto buonissimo, mi è piaciuto molto! Ma è stata .... (5) cena veloce perché Camilla ha proposto .... (6) andare a vedere .... (7) film...

• Ah, e che film avete visto?

• Nessun film! Siamo arrivate tardi .... (8) cinema e non siamo potute entrare!

18 Gianna è al telefono con un amico. Completa il testo con le espressioni:

un sacco di ✦ in partenza ✦ appena ✦ le specialità ✦ vado a trovare
ho troppi bagagli ✦ è sereno ✦ mi dispiace

Pronto Luca, ciao! Tutto bene, grazie. No, non ho visto il tuo messaggio... Ah, per pranzo? .... (1), non posso, sono in aeroporto: sono .... (2) per la Sicilia. Sì, sì, ... (3) mio fratello. Il volo parte tra un'ora, ora faccio il check-in. No, non ho fatto il check-in on line perché .... (4)! No, no, niente vestiti: in valigia ci sono .... (5) cose buone! Cosa dici? Ahahaha! Ma certo che ci sono .... (6) anche al Nord! Come sarà il tempo? Esagerato! Non andrò al mare! Sì, a Palermo .... (7), ma fa freddo... Certo, ... (8) sarò tornata, andremo a bere un caffè!

19 Ascolta il dialogo e scegli l'alternativa corretta.

33

1. Paola e suo marito parlano
   a. a Capodanno
   b. prima di Natale
   c. dopo l'Epifania

2. L'uomo vuole andare
   a. in palestra
   b. al mare
   c. in montagna

3. Il viaggio per Rio de Janeiro costa in tutto
   a. 2.400 euro
   b. 1.100 euro
   c. 2.000 euro

4. La donna vuole andare a Rio de Janeiro
   a. per fare qualcosa di diverso
   b. per vedere parenti lontani
   c. perché non sa sciare

5. All'uomo non piace l'idea di passare le feste a Rio perché
   a. il viaggio costerà un sacco di soldi
   b. non vuole prendere l'aereo
   c. preferisce andare a sciare

A Completa il testo con il futuro semplice o composto dei verbi.

partire ◆ arrivare ◆ chiudere ◆ rimanere ◆ parlare
prendere ◆ avere ◆ fare ◆ tornare ◆ vedere

Tra un mese sarà Pasqua: le scuole .... (1) per due settimane e i miei genitori .... (2) qualche giorno di vacanza e così tutti insieme, io, loro e le mie sorelle, ... (3) un bel viaggio all'estero, in Italia!
Abbiamo già un programma... Allora, non appena .... (4) all'aeroporto di Roma, a Fiumicino, ... (5) il treno per Napoli. A Napoli visiteremo la città, Pompei e l'isola di Capri. Dopo due giorni .... (6) per la Toscana.
Alla fine, dopo che .... (7) Firenze e Siena, ... (8) a Roma, dove .... (9) qualche giorno. Non vedo l'ora di partire! Sono sicura che sarà una bella esperienza per tutti e che io, finalmente, ... (10) un po' l'italiano!

B Scegli l'alternativa corretta.

1. Ho sentito che domani il tempo non .... (1) bello e che .... (2) su tutta la penisola.

   (1) a. sarò   (2) a. pioverà
        b. sarà   b. pioverò
        c. sarai   c. pioverai

2. Se il treno .... (1) in ritardo a Bologna, ... (2) il Frecciarossa per Milano.

   (1) a. arriverai   (2) a. perderemo
        b. sarà arrivato   b. avremo perso
        c. arriverà   c. abbiamo perso

3. Quando .... (1) a Roma, ... (2) da mia cugina Mara che non vedo da qualche anno.

   (1) a. andremo   (2) a. passerete
        b. verremo   b. passerò
        c. passeremo   c. passeranno

4. Quest'anno abbiamo vinto noi la .... (1) di Capodanno...
   Chissà chi .... (2) l'anno prossimo!

   (1) a. tombola   (2) a. vinceranno
        b. colomba   b. vincerà
        c. Befana   c. vincono

5. ● Scusi, sa a che .... (1) parte il treno per Bologna?
   ● No, mi dispiace. Perché non chiede in .... (2)?

   (1) a. binario   (2) a. controllore
        b. ora   b. carrozza
        c. costo   c. biglietteria

6. A che ora ...... (1) ieri notte? Mah... ...... (2) le due, non più tardi...

   (1) a. torno
       (2) a. saranno stati

         b. tornerò
                b. saranno state

         c. sono tornato
              c. saranno

7. Non appena ...... (1) la partita, ... (2) un messaggio a Luca!

   (1) a. sarà finita
       (2) a. avrò mandato

         b. finiranno
                b. manderò

         c. è finita
              c. mando

8. Hanno detto che questa sera ci sarà un brutto ...... (1) e domani ...... (2) freddo.

   (1) a. sereno
       (2) a. avrà fatto

         b. nuvoloso
               b. farà

         c. temporale
             c. ha fatto

C Risolvi il cruciverba.

Orizzontali

4. L'Intercity per Milano è in partenza dal ... 12.
6. La festa delle maschere.
7. Oggi non piove, ma il cielo è ...
9. Un dolce di Natale.

Verticali

1. Per il ... di Capodanno preparerò un sacco di cose da mangiare.
2. Un biglietto di prima ... sull'Intercity per Roma.
3. Giorno di festa a metà agosto.
5. Il treno Regionale, ferma in tutte le ...
8. Oggi non fa molto freddo, ma tira ...

Risposte giuste: .... /35

Giochi

2° test di ricapitolazione

Quaderno degli esercizi

A Completa con le preposizioni semplici e articolate.

1. Non mi piace telefonare .... miei amici. Preferisco mandare messaggi.
2. Sono andato .... spedire un pacco .... miei genitori.
3. Prenderò qualche giorno .... vacanza .... stare .... miei figli!
4. Hai cercato bene? Il tuo vestito bianco è .... armadio, vicino .... quello verde.
5. Domani vado .... aeroporto: arrivano i miei zii .... Germania.
6. La farmacia si trova .... via Cesare Pavese, proprio davanti .... bar.
7. .... 17 devo andare .... dentista.
8. Vieni .... centro .... me? Voglio comprare una gonna.
9. Il tuo cellulare è .... tavolo .... cucina.   .... /18

B Completa con le preposizioni.

1. Se tutto andrà bene, prenderò la laurea .... fine .... questo mese.
2. Per favore, puoi portare Maria .... dottore? Non sta bene.
3. Quando andrai .... Olanda?
4. Gli appunti .... Mario sono .... mia borsa.
5. I ragazzi sono rimasti ancora .... qualche giorno .... nonni.
6. Secondo le previsioni, pioverà .... tutta la settimana .... Italia del Nord.
7. Stasera andiamo a cena .... Lucia e Renzo.
8. Cercate .... cassetto: ci sono i miei occhiali .... sole?   .... /13

C Scegli l'alternativa corretta.

● Mamma, se domani vai in centro, vengo con te: voglio comprare dei/degli (1) regali.

● Ma non puoi cercare in qualche negozio qua vicino? Ci sono dei/delle (2) negozi molto carini...

● Mmh... ho già cercato, ma non mi piace niente.

● In libreria ho visto dei/delle (3) libri molto interessanti... anche dei/delle (4) agende molto utili...

● Agende? No, i regali sono per dei/degli (5) amici di Luca che andiamo a trovare domenica: hanno appena cambiato casa. Avevo pensato a dei/delle (6) tazzine o a dei/degli (7) bicchieri...

● Ah, ho capito. Allora vieni con me: conosco un bel negozio di cose per la casa!   .... /7

D Completa il dialogo con i possessivi.

- Ciao Piero, tutto bene? Ricordi che sabato c'è la .... (1) festa, no? Vieni, vero? Così conoscerai il .... (2) professore di inglese, Paul.
- Luca! Certo, verrò! Mmh... Posso portare anche Sonia, una .... (3) collega?
- Sì, non c'è nessun problema. Ricordi la strada per arrivare a casa .... (4)?
- Sì, sì...
- Ah, ieri ho incontrato Monica con il .... (5) nuovo ragazzo, Fabio. È molto simpatico... Ho invitato anche lui...
- Ah, bene! Allora conoscerò anche lui alla .... (6) festa!

.... /6

E Completa le frasi con il passato prossimo dei verbi.

1. Claudia, come .... (passare) il fine settimana? .... (Andare) a trovare i tuoi genitori o .... (rimanere) a Milano?
2. Ragazzi, se .... (finire), potete andare via!
3. L'altro giorno io e Andrea .... (uscire) e .... (incontrare) Lia.
4. .... (Passare) tanti anni, ma tu, Antonio, non .... (cambiare).
5. Valeria, ... (fare) lo scontrino?
6. Non veniamo con voi perché .... (vedere) questo film sabato scorso.
7. Giulio .... (cambiare) casa, ora vive in centro.
8. Chi .... (vincere) la partita a carte?

.... /12

F Completa le frasi con il futuro semplice o composto.

1. Quando .... (comprare, io) il biglietto per la partita, ... (potere) prenotare il volo per Napoli.
2. Se non .... (venire, loro) alla mia festa, non .... (parlare) più con loro.
3. Se Alessandro e la sua ragazza non .... già .... (mangiare), ... (dovere, tu) preparare qualcosa per loro.
4. Per prima cosa .... (cercare, noi) una buona palestra, poi .... (cominciare) a fare sport!
5. Giacomo .... (aprire) una farmacia appena .... (prendere) la laurea.
6. Sono certo che Luisa .... (fare) il possibile per Anna.
7. Se .... (ascoltare, tu) l'ultima canzone della Pausini, forse .... (capire) perché ha venduto milioni di copie in tutto il mondo.
8. Ragazzi, oggi è sabato e .... (potere, noi) tornare a casa anche dopo le due.

.... /14

Risposte giuste: .... /70

Tutti gli esercizi sono disponibili
in formato interattivo su *www.i-d-e-e.it*

Quaderno degli esercizi

1 Completa i messaggi con i possessivi dati.

mio ◆ mie ◆ mia ◆ tue ◆ sua ◆ suoi

 Lucia! Da quanto tempo! Io sto bene, anzi, benissimo: finalmente sono libera!

Davvero! Ma ti sei laureata?

 No, non ancora, la laurea sarà a settembre, ma ho dato gli ultimi esami!

Complimenti! E adesso? Andrai in vacanza con le .... (1) amiche?

 Eh, no, non ancora... Vorremmo andare al mare, ma le .... (2) amiche non hanno finito gli esami e non abbiamo ancora prenotato...

Ho un'idea: vieni qui! Dai, festeggiamo insieme il .... (3) compleanno e poi... partiamo e andiamo a Taormina dalla .... (4) amica Emma! Mi ha invitato a casa .... (5) per due settimane! Ci saranno anche i .... (6) cugini! Sono simpaticissimi... Ho passato molte estati con loro!

 Magari! Non so... Ora do un'occhiata ai voli!

2 Completa i possessivi.

ITALIA

Viaggi Vagamondo

La vacanza dei vostr......
sogni è in Italia.

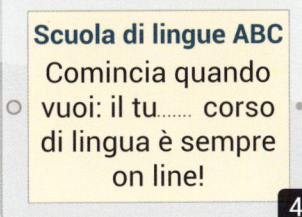

1

Lavoro

Avete un computer?
Il lavoro viene a casa
vostr...... !

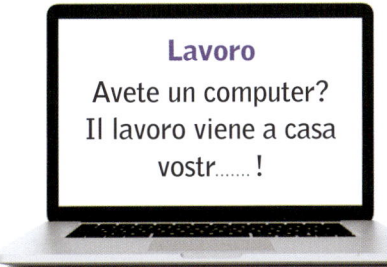

2

La foto più bella!

Partecipare è facile.
Aspettiamo le
vostr......... foto.

3

Scuola di lingue ABC

Comincia quando
vuoi: il tu...... corso
di lingua è sempre
on line!

4

Bar aroma

I nostr......... gelati daranno
più sapore alla vostr......
giornata.

5

PIZZA

Pizzeria Da Mario

Le nostr.........
pizze non sono
come le altre...

6

3 Metti in ordine le parole per formare le frasi. Comincia con la parola blu.

1. Luigi e | suoi | partiranno | amici | per | i | l'Inghilterra.

   ....

2. il | treno? | vostro | a che | partirà | ora

   ....

3. tuoi | l'esame | i | farete | compagni | di Storia? | tu e

   ....

4. in ritardo! | volo | mio | il | già | è

   ....

5. alla | ballato | nostra | festa! | tanto | avete

   ....

6. loro | fanno | la | domenica | genitori | giardinaggio. | i

   ....

4 Una telefonata tra Lorenzo e Alessia. Scegli l'alternativa corretta.

Alessia: Ciao Lorenzo. Come va?

Lorenzo: Alessia, ciao! Insomma… non molto bene: devo cambiare casa!

Alessia: Perché? Ma hai appena cambiato! Che problemi ha il mio/tuo (1) appartamento?

Lorenzo: Non posso studiare! I miei/loro (2) vicini… Proprio ora che preparo i miei/tuoi (3) ultimi esami!

Alessia: Sì… i vostri/tuoi (4) ultimi esami… Sentiamo, che cosa fanno i miei/tuoi (5) vicini? Perché non puoi studiare?

Lorenzo: La coppia litiga sempre, i loro/vostri (6) figli hanno lezione di violino due ore al giorno e poi… il loro/suo (7) cane! È terribile!

Alessia: Ma hai provato a parlare con loro? Anche i nostri/tuoi (8) vicini sono tipi rumorosi, ma abbiamo parlato con loro e non abbiamo problemi… Anzi sono diventati nostri/vostri (9) amici!

5 Scegli le frasi corrette e poi completa il nome del piatto italiano nella foto, come nell'esempio in blu.

1. Io ho il ragazzo.
   { Il mio ragazzo si chiama Pierre. *A*
   { Il suo ragazzo si chiama Pierre. *E*

2. Io ho due gatti.
   { I miei gatti sono molto carini. *G*
   { I suoi gatti sono molto carini. *I*

3. Gianna ha molti fiori in giardino.
   { I loro fiori sono bellissimi. *G*
   { I suoi fiori sono bellissimi. *L*

4. Silvio e Franca hanno un bambino. { Il loro bambino ha quattro anni. **B**
                                                { Il mio bambino ha quattro anni. **P**

5. Noi abbiamo un professore italiano. { Il suo professore è di Roma. **E**
                                               { Il nostro professore è di Roma. **O**

6. Voi avete molti bagagli. { Sono pesanti i vostri bagagli? **N**
                                     { Sono pesanti i loro bagagli? **I**

7. Anna ama gli spaghetti al pesto, { sono il suo piatto preferito. **E**
                                            { sono il loro piatto preferito. **A**

8. John ha molti amici. { I tuoi amici non sono italiani. **C**
                                 { I suoi amici non sono italiani. **S**

L A SA ...... NE
AL ...... A
...... OL ...... G .... E

6 Trasforma i possessivi e il resto della frase dal singolare al plurale e viceversa, come nell'esempio.

La mia amica Eva verrà con me. → *Le mie amiche Lia ed Eva verranno con me* .

1. I tuoi vicini di casa sono molto simpatici. → ....
2. La sua storia è molto interessante. → ....
3. I nostri amici francesi sono arrivati ieri. → ....
4. Il mio gatto ha gli occhi verdi. → ....
5. I suoi ultimi libri sono molto belli. → ....
6. Abbiamo fatto noi il vostro biglietto. → ....
7. La loro pizza è senza mozzarella. → ....

7 Scrivi le frasi con il possessivo giusto e il verbo al presente (p.), al passato prossimo (p.p.) o al futuro semplice (f.).

(comprare, io, p.p.) la bicicletta di Paola. → *Ho comprato la sua bicicletta.*

1. (portare, f.) io gli zaini dei ragazzi.
....

2. (perdere, tu, p.p.) il numero di telefono di Maurizio?
.... ?

3. Sono sicuro che il cane di Luca (stare, f.) bene con noi.
....

4. In piazza (incontrare, voi, f.) gli amici miei e di Fernando.
....

5. I bambini (mangiare, p.p.) metà della pizza di Lucia.
....

6. Per l'esame (volere, noi, p.) gli appunti tuoi e di Aldo.
....

8 Leggi le descrizioni (1-7) e scrivi i nomi (a-g) che mancano.

1. Teresa è la madre di Franco.
2. Franco è il fratello di Luisa.
3. Luisa è la moglie di Piero.
4. Ada è la sorella di Giulio.
5. Piero è lo zio di Bruno.
6. Luigi è il nonno di Ada.
7. Viviana è la nipote di Teresa.

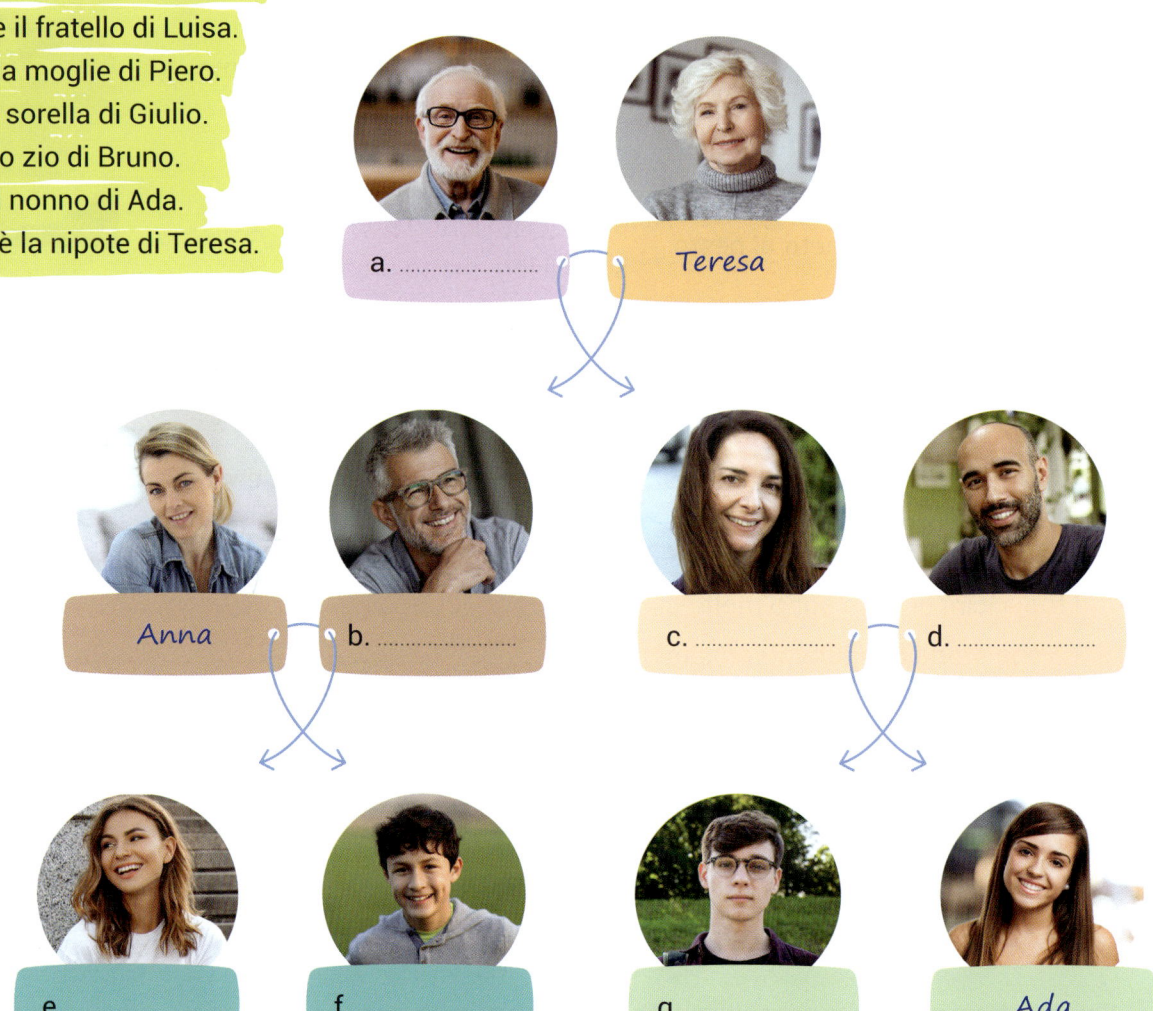

a. ....   Teresa

Anna   b. ....   c. ....   d. ....

e. ....   f. ....   g. ....   Ada

9 Scegli l'alternativa corretta. Vedi anche l'Approfondimento grammaticale a pag. 208 del Libro dello studente.

Conosco Giovanna da più di vent'anni ed è la mia/mia (1) più cara amica. Giovanna è architetto e ha una bella famiglia: vive con il suo/suo (2) marito Lorenzo, che è medico, i loro/loro (3) figli, Riccardo e Davide, che vanno a scuola, e il loro/loro (4) cane, Pablo.
La settimana scorsa Giovanna ha fatto una festa per i suoi quarant'anni e ha invitato un sacco di gente: i suoi/suoi (5) genitori e i loro/loro (6) amici, la sua/sua (7) sorella, il suo/suo (8) "fratellino" (anche se ha quasi quarant'anni anche lui!) e i nostri/nostri (9) vecchi amici del liceo. Io ci sono andato con la mia/mia (10) moglie e la nostra/nostra (11) figlia.
È stata una festa molto divertente!

10 Completa con i possessivi con o senza articolo, come nell'esempio.

1. Stefano, ...*tuo*..... fratello lavora ancora all'Università di Bologna?
2. Luisa ha 25 anni, ma per me resta sempre .... sorellina.
3. .... sorella ed io siamo ancora giovani e viviamo con .... genitori.
4. Al cenone a casa mia sono venuti tutti .... zii e hanno portato anche .... figli.
5. Mario e .... cugino studiano Matematica all'Università di Napoli.
6. Gli italiani amano passare il fine settimana con .... famiglia.
7. Ragazze, ... zii abitano ancora in Inghilterra?
8. Signor Bertoli, c'è .... moglie al telefono.
9. Marcella, come si chiama .... padre?

11 Completa il dialogo con le parole/espressioni date.

antipasto ◆ contorno ◆ vorrei ◆ da bere
possiamo ordinare ◆ ti piaceranno ◆ vorrei

Bruno: Cosa prendiamo?

Luisa: Non so, ... (1) mangiare
qualcosa di leggero, ieri non sono stata bene.

Bruno: Va bene, chiediamo al cameriere... Scusi, ... (2)?

Cameriere: Certo.

Bruno: Allora, io come .... (3) prendo il prosciutto di Parma. E poi come primo...

Luisa: Prendi le linguine al pesto: sono sicura che .... (4)!

Bruno: Va bene, prendo le linguine.

Cameriere: E per Lei, signora?

Luisa: Io .... (5) una bistecca ai ferri e, come .... (6),
un'insalata mista.

Cameriere: E .... (7) cosa porto?

Bruno: Acqua naturale. Grazie.

Giochi

12 Scegli l'alternativa corretta.

1. Quando c'è il sole, mi piace/mi piacciono fare passeggiate.
2. Non mi piace/mi piacciono il gelato al cioccolato.
3. Non mi piace/mi piacciono i film storici.
4. Mi piace/Mi piacciono tanto le penne al pomodoro!
5. A me piace/piacciono le canzoni di Emma! A te?
6. Mi piace/Mi piacciono andare al mare con i miei amici.
7. Non mi piace/mi piacciono uscire quando piove.
8. A me piace/piacciono la cucina italiana, invece a mia sorella piace/piacciono quella francese.

13 Guarda le immagini. Poi completa il testo con le parole mancanti, come nell'esempio.

Per iniziare bene la giornata bisogna fare una buona colazione. Ma cosa mettere in tavola? Uno yogurt bianco con un ...._cucchiaio_.... di .... (1), una tazza di .... (2) con i cereali o il tè con dei .... (3)? Al posto dei cereali possiamo anche mangiare delle .... (4) con il burro oppure un .... (5). E per chi preferisce la colazione salata? Beh, può bere una .... (6) di arancia, mangiare un po' di frutta e un .... (7) con il prosciutto crudo.

14 Metti in ordine le parole per formare le frasi. Comincia con la parola blu.

1. ci | vuole | panna cotta | latte | il | per | la | fare
....?

2. in | 3 ore | montagna | arrivare | per | vogliono | ci
....

3. preparare | ragazzi, | metterete | a | lo zaino | ci | quanto
....?

4. ci | per | pane | è | il | cuocere | voluta | mezz'ora
....

5. più in | di | macchina o | ci | moto | mettiamo | in
....?

6. imparare | messo | quanto | a | l'italiano | hanno | ci
....?

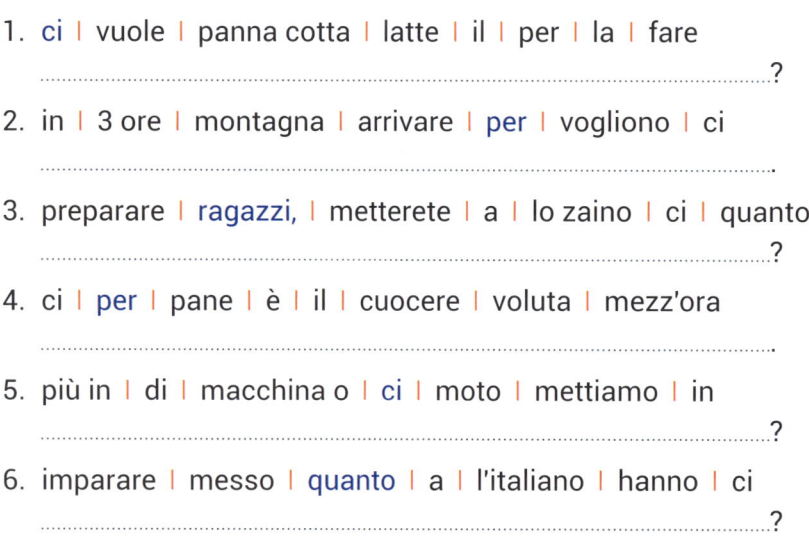

15 Completa con la forma giusta di *volerci* o *metterci*, come nell'esempio. Attenzione al tempo verbale!

1. Per prendere l'autobus ...._ci vuole_.... il biglietto?
2. Ieri per tornare a casa .... due ore!
3. Avete trovato traffico? Perché .... tanto ad arrivare?
4. Per costruire il nuovo stadio hanno programmato che .... dieci anni.
5. Con tutte queste domande, i ragazzi domani .... più di tre ore per fare il test.
6. Se non ci sarà la fila alla cassa, ... solo 10 minuti.
7. Alla fine a che ora sei arrivata ieri? Quante ore .... in macchina?
8. Per fare gli gnocchi .... le patate giuste!

16 a Scegli l'alternativa corretta.

1. In quello/quel bar fanno un cappuccino davvero buonissimo.
2. Ieri ho incontrato quel/quell' amico di Mario che lavora con Lucia, l'ex di Lorenzo.
3. Hai visto quei/quelle signori? Sono i miei vicini di casa.
4. Quel/Quella ragazza bionda è al corso di italiano con noi.
5. Quei/Quegli studenti vicino alla finestra sono inglesi.
6. Quel/Quell' piatto deve essere veramente buono.

b Completa con la forma giusta di *questo* o *quello*. Vedi anche l'Approfondimento grammaticale a pag. 209 del Libro dello studente.

Tropea, Calabria

1. .... estate andremo in vacanza in Calabria!
2. Sai chi è di nuovo single? .... amica di Lucia che ti piace tanto!
3. Cosa facciamo .... fine settimana? Facciamo una gita?
4. Antonio, ... pizza è tua? Ha il pomodoro fresco.
5. Giulia e Bianca sono uscite con i ragazzi che hanno conosciuto a .... corso di yoga, ricordi?
6. .... ristorante è il mio preferito: ci vengo ogni settimana.

17 Completa con le parole date.

bel ◆ begli ◆ quella ◆ bell' ◆ bella ◆ quel

1. In piazza hanno messo un .... albero di Natale.
2. Preferisci l'acqua naturale o .... frizzante?
3. Maria ha comprato una .... casa vicino a Piazza Bologna.
4. .... amici che hai: sono andati via senza salutare!
5. Perché hai litigato con .... signore? Cos'è successo?
6. Ieri ho comprato un .... libro.

Duomo, Milano

18 Completa lo schema con le parole che mancano nelle frasi. Nella colonna verde troverai il nome di un piatto fatto con pomodoro e mozzarella.

1. Per bere uso il ...
2. Tesoro, ... tu il formaggio per la pasta?
3. Nel menù le lasagne sono tra i ... piatti.
4. La frutta è ..., di stagione.
5. Faccio bollire l'acqua nella ...
6. Il cuoco ... il sugo con un grande cucchiaio.
7. Per friggere il pesce uso la ...

1 ... C ...
2 ... I
3 ...
4 F ...
5 ...
6 ... L
7 ... L

19 Scegli la preposizione corretta.

il culatello

la signora Miriam

Miriam Leonardi è la cuoca della trattoria "La Buca" che si trova vicino a/di (1) Zibello. Zibello, in provincia con/di (2) Parma, è un piccolo paese di duemila abitanti, famoso perché lì fanno il culatello più buono per l'/d' (3) Italia. «Non vado quasi mai in/di (4) vacanza. Cosa vado a fare nel/al (5) mare? Lì non sono importante. Invece qui vengono in tanti di/a (6) provare i miei piatti e la mia cucina», dice la signora Miriam, sempre gentile e allegra. Miriam prepara i piatti tradizionali di/per (7) sua nonna, piatti tra il/del (8) passato. Ma "La Buca", trattoria che esiste da/con (9) più di cento anni, è forse un ristorante lontano della/dalla (10) tecnologia? Non proprio, visto che sul/dal (11) menù trovate, oltre ai saporiti piatti della cuoca, due indirizzi e-mail e un sito internet...

adattato da *www.repubblica.it*

20 Completa con le preposizioni giuste.

Tra pochi giorni ci sarà all'*Arena* .... (1) Verona il concerto dei *Negramaro*, una .... (2) più importanti band del pop rock italiano. I *Negramaro* cominceranno .... (3) Verona il loro tour, che continuerà .... (4) tante altre città italiane: Genova, Livorno, Modena, Milano, Torino, Roma. Sono tanti i fan che aspettano la data .... (5) concerto di Verona perché, ... (6) un luogo come l'*Arena*, sarà un'esperienza speciale. Io e Lucia andremo .... (7) concerto e verranno .... (8) noi anche due nostri amici svizzeri molto simpatici.

I Negramaro

21 Possessivi. Trova e correggi i 6 errori.

1. Nostro piatto preferito è la pasta al pesto! ....
2. Io e mia madre andremo qualche giorno a Madrid. ....
3. Per la festa del mio compleanno, sono venuti tutti miei cugini. ....
4. Loro sono Marta e Giulia. Loro mamma è insegnante di inglese. ....
5. Perché non ci andate con gli vostri zii? ....
6. Durante le loro vacanze è sempre piovuto. ....
7. In suo bar il caffè si beve in piedi. ....
8. La tua nonna è partita per l'America da bambina? ....
9. I tuoi nipoti sono molto simpatici. ....

A Completa l'email con i possessivi corretti, con o senza articolo.

Carissima Eleonora,
che piacere avere .... (1) notizie! Ho appena letto .... (2) email e ho visto le
foto delle vacanze... Che bella la Sardegna! E come è diventato grande .... (3) Giovanni!
Quest'anno va in terza elementare, no? La .... (4) insegnante è sempre la stessa?
Io, Anna e Luca stiamo bene: .... (5) giornate sono più tranquille da quando abitiamo qui
in paese. E voi? Come state? E come stanno .... (6) genitori? .... (7) madre? E
.... (8) padre? È andato in pensione o lavora ancora?
Adesso ti saluto perché sono in classe e tra due minuti arriveranno .... (9) studenti... Se
mi vedono con il cellulare in mano, prendono subito .... (10) smartphone e cominciano a
scrivere messaggi agli amici...
Un abbraccio e a presto!
Alberto

B Scegli l'alternativa corretta.

1. Come .... (1) prendo un piatto di linguine al pesto e come .... (2) un'insalata verde.

   (1) a. secondo   (2) a. secondo
        b. primo   b. dolce
        c. antipasto   c. contorno

2. A che ora parte .... (1) treno che .... (2) tre ore da Milano a Roma?

   (1) a. quello   (2) a. ci vuole
        b. quel   b. ci mette
        c. quella   c. ci vogliono

3. Per venire a lezione da casa nostra, di solito, ... (1) circa 20 minuti in auto, ma noi .... (2) la metà
   del tempo in moto.

   (1) a. ci vuole   (2) a. ci mettono
        b. ci vogliamo   b. ci mette
        c. ci vogliono   c. ci mettiamo

4. Io .... (1) comprare un .... (2) appartamento in centro.

   (1) a. ci voglio   (2) a. bel
        b. vorrei   b. bell'
        c. volere   c. bello

5. Ho seguito la ricetta .... (1) nonna per preparare .... (2). Buonissima!

   (1) a. tua   (2) a. la torta di mele
        b. della tua   b. la spremuta d'arancia
        c. di tua   c. il latte

6. Non .... (1) friggere, preferisco .... (2) leggero.

    (1) a. mi piaci   (2) a. cucinare

            b. mi piace   b. mangiare

            c. mi piacciono   c. mescolare

7. .... (1) genitori andranno al mare a Ischia, anche se .... (2) madre non è molto d'accordo.

    (1) a. I suoi   (2) a. la sua

            b. I nostri   b. la nostra

            c. Nostri   c. nostra

8. Mamma, per favore, puoi .... (1) ancora un po' di salame? È veramente .... (2).

    (1) a. tagliare   (2) a. salato

            b. mangiare   b. buono

            c. grattugiare   c. cotto

C Risolvi il cruciverba.

Risposte giuste: .... /35

Al cinema

Unità 7

Quaderno degli esercizi

1 a Fai l'abbinamento.

1. La domenica andava spesso a sciare con i suoi amici.
2. Da piccoli, non mangiavano mai le verdure.
3. Studiavamo insieme all'università.
4. Credevo di andare in vacanza a luglio...
5. Quella sera volevate andare al cinema.
6. Tutte le mattine andavi a correre.

a. tu
b. tu e Alfredo
c. io
d. Ada
e. io e Nicola
f. i nostri figli

b Unisci le colonne per completare le forme dell'imperfetto e le frasi.

1. Io da ragazzo gioc-
2. Tu, quando viv-
3. Luisa al liceo dorm-
4. Mario e io prend-
5. A scuola voi studi-
6. Ricordo che i miei nonni guard-

-av-
-ev-
-iv-

-o
-amo
-i
-a
-ate
-ano

a. anche il francese?
b. la televisione dopo cena.
c. a calcio molto bene.
d. spesso a casa di Elena.
e. a Genova, andavi sempre al mare?
f. sempre il caffè dopo pranzo.

2 Scegli l'alternativa corretta.

1. Mentre raccontava/raccontavi la sua storia, Valerio era così divertente che tutti ascoltavano/ascoltano senza dire una parola.
2. Ieri sera, mentre io mangiavano/mangiavo, i bambini giocavi/giocavano nella loro camera.
3. Io non sapevamo/sapevo niente di questa storia!
4. Qualche anno fa Martina non uscivamo/usciva spesso, preferiva/preferivamo stare a casa a vedere un film o a leggere un buon libro.
5. Quando era giovane Marina portavi/portava la 44.
6. Luca e Sebastiano, alle sette meno un quarto, dormivate/dormivano ancora.
7. Sonia è uscita appena è finito il film: doveva/dovevi partire, non voleva/volevi perdere l'aereo!
8. Nella mia casa in Toscana, quando aprivo/aprivate la finestra, potevamo/potevo sentire il profumo dei fiori.

3 Nel palazzo in via Margutta 32, hanno rubato un quadro da un appartamento. L'agente di polizia interroga i vicini: cosa facevano alle due del pomeriggio? Osserva le immagini e completa le frasi.

1. Io .... il giornale in salotto.

2. Io .... perché la notte lavoro in ospedale.

3. Noi .... la tv: a quell'ora c'è il telegiornale.

4. Luca ....: fa il cameriere in un ristorante qui vicino.

5. Io .... la radio: a quell'ora c'è il mio programma preferito.

6. Io .... l'autobus: passa sempre alle due!

4 Completa con i verbi dati, come nell'esempio in blu.

facevi ♦ c'era ♦ faceva ♦ diceva ♦ traducevo ♦ veniva ♦ ero ♦ beveva ♦ stavamo

1. Ieri ....*c'era*........ il sole e .... caldo.

2. Quando ho iniziato a studiare l'italiano .... tutto nella mia lingua.

3. .... in fila in banca quando è suonato il mio cellulare.

4. Solo adesso ho capito che Giulia non .... sempre la verità.

5. Prima di avere il bambino, lei .... molti caffè.

6. Quando io e Luca .... insieme, lui .... tutti i giorni a casa mia.

7. Durante l'università .... anche tu il cameriere nei fine settimana?

5 Completa le risposte con l'imperfetto e poi fai l'abbinamento.

1. Ma Monique conosce l'italiano?

2. Che lavoro fa Giovanni?

3. Com'è andata al concerto ieri?

4. Signora, cosa prende? Un caffè?

5. Ieri sera hai telefonato a Marcella?

6. Sei sempre stato il più bravo della classe.

a. Sì, ma lei .... (essere) al cinema con Stefania.

b. Bene, anche se .... (esserci) molta gente e sono rimasto in piedi.

c. No, non è vero, il più bravo .... (essere) tu.

d. No, grazie. Prima .... (bere) molti caffè... ora, però, preferisco il tè.

e. Certo, parla l'italiano molto bene! Quando era giovane .... (tradurre) libri e racconti dall'italiano al francese.

f. So che prima .... (fare) l'attore; adesso non so.

6 Completa con l'imperfetto dei verbi.

L'estate scorsa .... (1. fare) molto caldo, io non .... (2. avere) nessuna voglia di restare in città, ma .... (3. dovere) scrivere la tesi. I miei amici certo non sono stati di grande aiuto... .... (4. essere) tutti insieme in campeggio e ogni sera, mentre (5. fare) .... l'autostop per andare in centro a ballare, ... (6. caricare) nella chat le foto della giornata: Ale che .... (7. prendere) il sole, i ragazzi che .... (8. giocare) a calcio, Luca che .... (9. fare) il bagno... Io, invece... .... (10. scrivere) la mia tesi!

7 Completa il dialogo con l'imperfetto dei verbi e le parole e espressioni date.

ci ◆ non dimenticherò mai ◆ ricordo quella volta ◆ ti ricordi

● .... (1) quando siamo andati in Italia?

● Certo che mi ricordo! Per poco non .... (2. perdere) l'aereo!

● Eh sì, tu non .... (3. trovare) il passaporto, quel giorno .... (4. esserci) un gran traffico e siamo arrivati in ritardo all'aeroporto...

● Beh, dai, poi è andato tutto bene! In Italia .... (5. fare) bel tempo e abbiamo visitato molte città.

● Sì, e poi abbiamo mangiato benissimo. .... (6) gli spaghetti che abbiamo mangiato a Napoli: .... (7. essere) proprio saporiti!

● .... (8) che abbiamo preso il treno e non abbiamo convalidato il biglietto: che ridere!

● È stato veramente un bel viaggio: .... (9. sembrare) tutto così romantico e divertente. Sì, ... (10) dobbiamo tornare!

8 Roberto è andato a vivere fuori città. Completa le frasi con l'imperfetto dei verbi in blu e scopri come è cambiata la sua vita.

1. Prima, quando .... la giornata non .... voglia di lavorare. Ora quando inizio la giornata ho voglia di fare molte cose.

2. Prima ...., ... al bar o al cinema, ma non .... contento. Ora esco, vado a fare delle passeggiate con il mio cane e sono contento.

3. Prima .... sempre triste e non .... mai. Ora sono sempre allegro e rido spesso.

4. Prima .... poco i miei amici: qualche volta .... loro a casa mia, ma non .... mai molto tempo. Ora vedo i miei amici molto spesso: vengono loro a casa mia e abbiamo molto tempo per stare insieme.

9 Completa con l'imperfetto e fai l'abbinamento.

1. Quando Paolo .... (preparare) la cena,
2. La sera, mentre io studiavo
3. Ascoltavo la radio tedesca...
4. .... (Guardare, noi) il film
5. Quando Marcella .... (dovere) dare un esame,
6. Quando voi .... (essere) piccoli,

a. ma non .... (capire) nulla!
b. studiava giorno e notte.
c. passavate l'estate a casa dei nonni.
d. poi non .... (lavare) mai le pentole e le padelle.
e. e .... (mangiare) pop corn.
f. i miei fratelli .... (ascoltare) musica.

10 Completa il racconto con l'imperfetto dei verbi.

Molti anni fa, quando andavo all'università, ho fatto un corso di italiano. Tutti .... (1. dire) che l'italiano.......................... (2. essere) facile, ma per me non .... (3. essere) così: l'insegnante .... (4. parlare) sempre in italiano e io non .... (5. capire) molto. I miei compagni .... (6. riuscire) a parlare, ma io no perché .... (7. essere) agitato e non .... (8. volere) fare errori. Piano piano, però, ho iniziato a parlare anch'io. Non è stato facile, ma sono contento di avere imparato l'italiano.

11 Scegli l'alternativa corretta.

1. Quando studiavo/ho studiato all'università, il fine settimana uscivo sempre con i miei amici.
2. Ho ricevuto quell'offerta di lavoro mentre ero/sono stata in Italia.
3. Lavoravo/Ho lavorato tutta l'estate come cameriera per pagare i libri dell'università.
4. Ieri non facevo/ho fatto la doccia perché non c'era acqua calda.
5. Quando non abitava in città, faceva/ha fatto la spesa una volta al mese.
6. Stella diceva/ha detto che domani verrà a cena da noi.
7. Luciano ha detto/diceva sempre di volere un cane, ma alla fine ha preso/prendeva un gatto!

8. Ieri, mentre aspettavamo/abbiamo aspettato l'autobus, abbiamo conosciuto/conoscevamo una signora molto simpatica.

9. I miei figli studiavano/hanno studiato l'italiano per tre anni.

12 Completa con l'imperfetto o il passato prossimo.

1. Lucia e Ilaria .... (andare) a Parigi l'autunno scorso.

2. Da piccoli i miei nipoti .... (volere) sempre andare al mare.

3. Ieri sera io .... (vedere) un film molto interessante.

4. Alla festa .... (esserci) molte cose da mangiare.

5. Alla festa noi .... (incontrare) Marta, la cugina di Lorenzo.

6. Quando andavo al liceo, ... (studiare) quattro ore al giorno.

13 Scegli l'alternativa corretta.

Ferrara

1. Quando Paolo comprerà/compra/ha comprato una casa in Italia, sceglierà/avrà scelto/ha scelto una città tranquilla, Ferrara, ad esempio.

2. Monica, l'amica di Gabriella, è/è stata/era una ragazza dolce e simpatica. Domani siamo andati/andremo/andavamo insieme al cinema.

3. Ieri sono rimasta/rimanevo/rimango a casa tutto il giorno perché non ho avuto/avevo/ho voglia di uscire.

4. Questa mattina mentre venivo/sono venuto/vengo in ufficio avrò/avevo/ho avuto un problema con l'auto.

5. Ieri sera non usciamo/siamo usciti/uscivamo di casa perché fa/farà/faceva molto freddo.

6. Ieri sera i nostri colleghi hanno preso/prendevano/prenderanno un taxi perché non hanno saputo/sapevano/sapranno come arrivare al loro hotel a piedi!

14 Metti i verbi in blu al passato prossimo, i verbi in verde all'imperfetto e completa gli spazi rossi con le espressioni date.

dopo un po' ◆ *alla fine* ◆ *all'inizio* ◆ *così*

Ieri la mia giornata .... (1. cominciare) alle sette. .... (2. Fare) colazione al bar sotto casa: .... (3) ho ordinato solo un caffè, ma poi .... (4. prendere) anche un cornetto. Di solito vado al lavoro a piedi, ma ieri .... (5. piovere) molto e non .... (6. avere) l'ombrello, ... (7) sono andato alla fermata dell'autobus. .... (8. Aspettare) più di mezz'ora, ma l'autobus non .... (9. passare)... .... (10) ho telefonato al mio collega Luca e ho scoperto che .... (11. esserci) sciopero dei mezzi pubblici! .... (12) ho preso un taxi e .... (13. arrivare) in ufficio con due ore di ritardo!

15 Scegli la frase corretta.

1. a. Gianni ha un fratello che ha vissuto 5 anni in Argentina.
   b. Gianni ha un fratello che viveva 5 anni in Argentina.
   c. Gianni aveva un fratello che viveva 5 anni in Argentina.

2. a. Quando ho telefonato, Marta ha già fatto la doccia.
   b. Quando ho telefonato, Marta faceva la doccia.
   c. Quando avevo telefonavo, Marta ha già fatto la doccia.

3. a. Ieri studiavo tutto il giorno e la sera sono stato molto stanco.
   b. Ieri studiavo tutto il giorno e la sera ero molto stanco.
   c. Ieri ho studiato tutto il giorno e la sera ero molto stanco.

4. a. Ho aspettato due ore e poi sono andato via.
   b. Aspettavo due ore e poi sono andato via.
   c. Ho aspettato due ore e poi andavo via.

5. a. Mentre ho aspettato l'autobus, ho visto Gina.
   b. Mentre aspettavo l'autobus, vedevo Gina.
   c. Mentre aspettavo l'autobus, ho visto Gina.

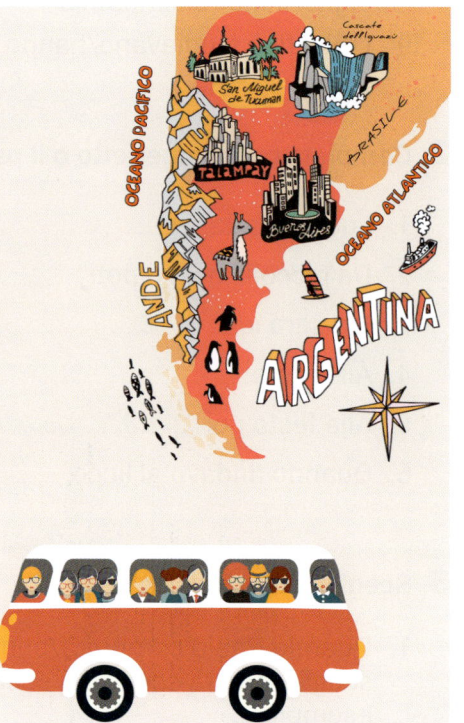

16 Completa con il passato prossimo e l'imperfetto.

Sabato scorso .... (1. essere) una bella giornata e .... (2. esserci) il sole, così io e i miei amici .... (3. fare) una gita in montagna. .... (4. Essere) tutti allegri, ... (5. camminare) per circa due ore e .... (6. arrivare) vicino a un piccolo lago. Quando .... (7. decidere) di partire per tornare a casa, Enrico non .... (8. trovare) più le chiavi della macchina e senza le chiavi non .... (9. potere) tornare a casa, così .... (10. andare) a dormire in un albergo lì vicino.

17 Scegli l'alternativa corretta. Vedi anche l'Approfondimento grammaticale a pag. 210 del Libro dello studente.

1. Ieri, noi dovevamo/abbiamo dovuto prendere il treno delle 9, ma siamo arrivati tardi in stazione.

2. Ieri sera Lucia non voleva/è voluta uscire perché doveva finire un lavoro.

3. Negli anni scorsi, potevo/ho potuto viaggiare perché avevo molto tempo libero e abbastanza soldi.

4. Giacomo voleva/è voluto restare al lavoro per finire un progetto e non poteva/è potuto andare all'appuntamento con Katia.

5. Dario doveva/è dovuto andare a casa, ma alla fine è rimasto con noi.

6. Ma non dovevate/avete dovuto visitare il Duomo? Alla fine avete solo fatto spese, mi sembra!

7. Sono arrivate tardi a cena dalla zia perché, oltre al Museo del Cinema, volevano/hanno voluto visitare anche quello Egizio!

8. Ieri i ragazzi volevano/sono voluti andare a mangiare la pizza, ma alla fine hanno cucinato un buon risotto a casa!

18 Fai l'abbinamento e completa con la forma giusta dei verbi.

1. Angela .... (dovere) venire con noi
2. Ho preso un taxi
3. Noi .... (volere) passare le vacanze al mare
4. I signori Berni non .... (potere) venire
5. Non .... (volere, voi) uscire
6. Voi non .... (volere) cambiare lavoro perché
7. Marco, non sei potuto rimanere
8. .... (Dovere) andare a quella festa

a. ma alla fine siamo rimasti in città.
b. perché c'era il calcio in TV; per fortuna, però, avete cambiato idea.
c. ma ha cambiato idea e non è venuta.
d. perché .... (dovere) arrivare in ufficio per le sette.
e. ma ho preferito stare a casa e guardare un film.
f. perché avevano un appuntamento di lavoro.
g. non offrivano uno stipendio migliore.
h. perché .... (dovere) tornare a casa?

19 Rispondi alle domande con il trapassato prossimo, come nell'esempio.

- Vai ancora in palestra?
- No, *avevo iniziato* .... (iniziare) ad andare in palestra, ma ora vado in piscina.

1. • Sei riuscito a trovare un biglietto sul Torino-Roma?
   • Sì, perché .... (prenotare) un mese fa.

2. • Ma non avete comprato niente all'aeroporto?
   • No, perché .... (spendere) tutti i nostri soldi a Londra.

3. • Hai incontrato Marco e Francesco alla festa?
   • No, quando sono arrivata, loro .... (andare) via da un po'.

4. • Perché Emanuele non è venuto al mare con noi?
   • Perché .... (promettere) alla sua ragazza di andare in montagna.

5. • Perché non siete venuti a pranzo da Lucio?
   • Perché .... (invitare) la nonna a casa nostra: abbiamo mangiato tutti insieme per festeggiare il suo ottantesimo compleanno!

6. • Paola, ma cosa è successo ieri?
   • Sono rimasta chiusa fuori di casa perché .... (dimenticare) le chiavi sul tavolo della cucina.

20 Usa le parole date per scrivere le frasi, come nell'esempio. Attenzione ai tempi!

1. ieri | libro | arrivare | ordinare | online | settimana scorsa
   Ieri è arrivato il libro che avevo ordinato online la settimana scorsa.

2. ieri sera | potere andare | spettacolo | non esserci più biglietti
   ....

3. quando | io chiamare | loro non rispondere | forse già uscire
   ....

4. noi invitare Claudio | ma | non potere venire
   ....

5. non potere venire | alla mostra ieri | avere preso | un altro impegno
   ....

6. l'anno scorso | Marta | trovare lavoro a Milano | non volere andarci
   ....

21 Completa con il tempo passato corretto.

1. Ieri alla radio .... (sentire, io) una canzone che .... (ascoltare) spesso tanti anni fa.

2. Quando .... (arrivare, noi) al cinema il film .... già .... (iniziare).

3. I bambini .... (essere) stanchi perché .... (giocare) a calcio tutto il pomeriggio.

4. Ieri .... appena .... (finire, io) di pulire la macchina del caffè quando .... (entrare) nel bar due signore!

5. Fabrizio non .... (avere) fame perché .... (mangiare) molto a colazione.

6. Quando Tiziana .... (tornare) dal suo viaggio in Africa, ... (raccontare) tutto quello che (vedere) ....

7. Ieri io e Giulio .... (andare) a fare spese e .... (incontrare) Stefania che non .... (vedere) da circa un anno.

8. Il signor Boldi .... (conoscere) sua moglie quando .... (andare) in vacanza in Australia.

9. Appena Lorenzo .... (salire) sull'autobus per l'aeroporto, ... (capire) che .... (dimenticare) il passaporto a casa!

22 Completa il testo con il passato prossimo, l'imperfetto e il trapassato.

La prima volta che Roberta .... (1. uscire) di sera con suo fratello, più piccolo di lei, è stato a Sanremo, quando .... (2. essere, loro) in vacanza al Victory Morgana Bay. Non .... (3. scegliere) lei il locale, ma suo fratello, che .... (4. parlare) tre lingue, ... (5. essere) alto, alla moda ed elegante. ... . (6. Passare) tanti anni e non .... (7. essere) più i due ragazzi che per molto tempo .... (8. dormire) insieme nella stessa camera.

Sanremo

adattato da *Il mare in salita*, R. Postorino

23 Completa i dialoghi con le espressioni date.

Sono d'accordo con Lei! ◆ *Hai ragione!*
Non lo so... ◆ *No, non è vero!*

Bologna

1. • Qui dice che il locale preferito dagli italiani è il fast food...
   • .... Gli italiani non amano i fast food!

2. • Hai visitato Bologna? Non è veramente bella?
   • .... Anche a me è piaciuta tanto.

3. • Signor Gabbi, secondo me i giovani devono andare a vivere da soli prima dei trent'anni. È d'accordo?
   • .... Ma il problema è che prima devono trovare un lavoro!

4. • La carbonara è la pasta più buona!
   • .... Io preferisco la pasta alla Norma...

24 Completa il racconto con le preposizioni.

Quando siamo arrivati .... (1) Firenze pioveva e .... (2) giro non c'era nessuno. Non avevo l'indirizzo .... (3) albergo perché avevo lasciato l'agenda .... (4) scrivania .... (5) mio ufficio.

Mentre cercavo .... (6) le mie carte, ho alzato la testa e ho visto proprio davanti .... (7) noi "Albergo Venezia": era il nostro! Siamo stati veramente fortunati. Abbiamo preso le valigie .... (8) macchina e siamo entrati. Non vedevamo l'ora di andare .... (9) camera .... (10) fare una bella doccia calda e riposare un po' prima di uscire a visitare la città sotto la pioggia!

25 Completa gli spazi grigi e brevi con le preposizioni e gli spazi verdi e più lunghi con le parole date.

sua ◆ *suoi* ◆ *interpreta* ◆ *nonna* ◆ *vincerà*

Anna Magnani nasce .... (1) Roma il 7 marzo 1908. Qualche mese dopo .... (2) madre va a vivere ad Alessandria d'Egitto .... (3) il nuovo marito. La piccola Anna rimane con la .... (4). A quindici anni va a vivere .... (5) un anno ad Alessandria, ma la nuova famiglia .... (6) madre non è la sua famiglia. Così torna a Roma e inizia .... (7) studiare teatro. .... (8) 1928 comincia a lavorare in teatro e poi nel cinema. Grazie .... (9) cinema, diventa famosa in tutto il mondo. Fra i .... (10) film più conosciuti, ricordiamo *Roma città aperta* e *La rosa tatuata*. Con quest'ultimo film .... (11) il Premio Oscar come migliore attrice protagonista nel 1956: è la prima attrice italiana a vincere questo premio! Un altro momento molto importante della sua carriera è il 1962 quando .... (12) la protagonista .... (13) film di Pier Paolo Pasolini *Mamma Roma*. Anna Magnani è una .... (14) più grandi attrici della storia del cinema italiano.

26 Ascolta il dialogo e scegli l'alternativa corretta.

1. Secondo Mario, l'ultimo film di Garrone
   a. è complicato
   b. non è niente di speciale
   c. è bellissimo

2. Carla non vuole vedere il film d'azione perché
   a. Scamarcio non recita bene
   b. ultimamente vedono sempre quelli
   c. non le piace DiCaprio

3. Il protagonista del film è
   a. DiCaprio
   b. Scamarcio
   c. geloso di Dino

4. Il film che hanno scelto
   a. ha una trama originale
   b. non ha recensioni molto buone
   c. è una commedia storica

A Completa il testo con l'imperfetto o il passato prossimo dei verbi.

*scoprire ♦ vivere ♦ vedere ♦ cercare ♦ rubare
esserci ♦ cadere ♦ succedere ♦ raccontare ♦ volere*

Ieri sera .... (1) un film molto bello. .... (2) la storia di un ragazzo, Enzo, che .... (3) a Roma, in periferia, e per vivere .... (4). Un giorno, mentre la polizia .... (5) Enzo, lui .... (6) nel Tevere e lì... .... (7) qualcosa... Il giorno dopo Enzo .... (8) di avere dei poteri da supereroe! Naturalmente .... (9) anche un "cattivo" che .... (10) i poteri di Enzo... Vuoi sapere come va a finire? Puoi guardare anche tu il film!

B Scegli l'alternativa corretta.

1. Anna .... (1) al lavoro in macchina quando .... (2) la notizia alla radio.

   (1) a. andrà
       b. è andata
       c. andava

   (2) a. sentiva
       b. ha sentito
       c. avrà sentito

2. Quando .... (1) ragazzi, in città .... (2) molto meno traffico.

   (1) a. siamo stati
       b. eravamo
       c. c'eravamo

   (2) a. era
       b. era stato
       c. c'era

3. A lezione, il professore di Amburgo .... (1) in tedesco e Luisa .... (2) in italiano.

   (1) a. ha spiegato
       b. spiegava
       c. aveva spiegato

   (2) a. traduce
       b. ha tradotto
       c. traduceva

4. I ragazzi non .... (1) raccontare la trama: non .... (2) il film.

   (1) a. potevano
       b. volevate
       c. dovevamo

   (2) a. vedranno
       b. vedono
       c. avevano visto

5. Se ricordi bene, l'anno scorso, Maria e Riccardo non .... (1) alla tua festa di compleanno perché non .... (2) l'invito.

   (1) a. sono venuti
       b. venivano
       c. verranno

   (2) a. ricevevano
       b. avevano ricevuto
       c. sono ricevuti

6. ● Ho letto sul giornale che i bambini usano troppo gli smartphone e stanno troppe ore su internet. Tu .... (1) ne pensi, Paola, sei d'accordo?
   ● .... (2)

   (1) a. dove
       b. quanto
       c. cosa

   (2) a. Sì, sono d'accordo.
       b. Sì, ha ragione!
       c. Sì, penso di no.

7. Non ...... (1) fame, per questo non ...... (2).

(1) a. avevano avuto   (2) a. hanno mangiato

     b. avevano   b. mangeranno

     c. erano   c. mangiano

8. Federico Fellini è stato un grande ...... (1) ed ...... (2) con Giulietta Masina, un'attrice italiana.

(1) a. comico   (2) a. è sposato

     b. giornalista   b. sposava

     c. regista   c. era sposato

C Risolvi il cruciverba.

Orizzontali

3. A Rita l'idea è piaciuta, ma vorrei sentire anche il tuo ...

6. Il personaggio principale di una storia.

8. Commedia, giallo, thriller sono ... cinematografici.

9. Il Frecciarossa è un treno ad alta ...

Verticali

1. Mi piace molto la ... di questo libro.

2. Tra il primo e il terzo.

4. Il lavoro di Sofia Loren.

5. Tipo di pasta che cuciniamo al forno.

7. Angelo non ha ancora parlato a quella ragazza perché è molto ...

Risposte giuste: .... /35

Giochi

Quaderno degli esercizi

1 Abbina ogni frase alla parola giusta.

1. Lo bevo tutte le mattine prima di andare in ufficio.
2. Le compro perché a colazione bevo sempre una spremuta.
3. Li mangio a colazione con il latte.
4. La faccio alla cassa per pagare.
5. Lo leggo tutti i giorni.
6. Le uso per cucinare.
7. Li vedo tutti i giorni a lezione.
8. La dimentico sempre a casa!

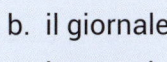

a. le arance
b. il giornale
c. le pentole
d. il caffè
e. i miei compagni
f. la lista della spesa
g. i biscotti
h. la fila

2 Fai l'abbinamento.

1. Ti piace la TV?
2. Sono certa che Leo, il mio gatto,
3. Voi conoscete Nadia e Cristina?
4. Perché hai preso il prosciutto?
5. Voi parlate, parlate...
6. C'è sciopero dei mezzi pubblici...
7. Se sarai a casa,

a. Sì, le conosciamo, sono molto simpatiche.
b. ti chiamerò stasera.
c. No, ma la guardo quando danno dei bei film.
d. ma nessuno vi ascolta!
e. Così lo mettiamo nei panini per la gita.
f. mi aspetta sulla porta di casa!
g. Ci porti tu allo stadio, zia?

3 Scegli il pronome diretto corretto.

1. Grazie, questi fiori sono bellissimi, li/lo/vi metterò sul tavolo in salotto.
2. Ragazzi, li/ci/vi invito tutti alla mia festa.
3. Signor Rossi, cosa doveva dirmi? Lo/Le/La ascolto.
4. Non possiamo restare: i nostri figli ci/mi/vi aspettano per cena.
5. Giorgio parla due lingue, l'inglese e il tedesco, e lo/la/le parla molto bene.
6. Vedi quell'orologio? Ti/Lo/La regalerò a mia moglie.
7. La cioccolata calda mi piace, ma le/la/mi preferisco amara.
8. Che belli quegli stivali! Adesso entro e lo/le/li compro.

4 Completa con i pronomi diretti.

1. Se siete d'accordo, ... aspetto davanti al cinema alle 7.
2. Ho dimenticato di scrivere l'email a Luca! .... puoi scrivere tu?
3. Hai fatto la pizza? .... mangio volentieri!
4. Lo zucchero e il caffè sono finiti. Chi .... va a comprare?
5. Massimo, ... aiuto a preparare la cena?
6. Signorina, quando avrà finito, ... prego di venire nel mio ufficio.
7. È vero, non leggo tanto, ma il libro di Paolo .... leggerò sicuramente!
8. Il corso di Storia è molto interessante: .... seguono più di 150 studenti!

5 Completa le risposte con il pronome *lo* e la forma verbale corretta, come nell'esempio.

- Sapete chi viene ad abitare nella casa accanto?
- Sì, *lo sappiamo* ....: arrivano due studenti americani.

1. • Quando saprete se partirete per Napoli il mese prossimo?
   • .... non appena avremo fatto i biglietti.

2. • Quando saprai se hai passato l'esame?
   • .... lunedì, credo.

3. • Sapete se Aldo e Caterina verranno a trovarci nel weekend?
   • Non .... ancora, decideranno domani.

4. • Scusi, sa da quale binario parte il treno per Roma?
   • No, ..., mi dispiace. Può chiedere al controllore.

5. • Ma i ragazzi sanno che a marzo ci sarà il concerto di Ligabue?
   • Sì, ... e hanno già comprato i biglietti!

6. • Ragazzi, lo sapevate che Lucia parte per l'Erasmus?
   • Sì, ... Lo ha postato su Facebook.

6 Scegli le risposte corrette e completa l'espressione del fumetto.

1. Hai saputo? Zia Luana viene a trovarci per la Befana! { Che bella notizia! **M**
   { Che bella idea! **N**

2. Non posso venire al cinema con voi. Non sto bene. { Che fortuna! **O**
   { Accidenti! **A**

3. No... Davvero hai perso il treno?! { Sì, per due minuti! Che rabbia! **N**
   { Sì, per due minuti! Che bello! **M**

4. Organizziamo una festa sabato? { Sì, che bella idea! **G**
   { Sì, che fortuna! **C**

.... N ...... A .... A!

5. Ho trovato l'ultimo iPhone con lo sconto del 35%!
{ Che brutta notizia! **E**
Che fortuna! **G**

6. Questa estate farò un viaggio in Italia, andrò a Roma.
{ Bene! Che bella giornata! **G**
Bene! Che bello! **I**

7 Di che cosa? Fai l'abbinamento.

1. A giugno, ne darò quattro.
2. Ne mangio una al giorno.
3. Ne bevo uno dopo pranzo.
4. Ne compro un etto.
5. Ne leggo uno al mese.
6. Ne vorrei un chilo.

a. prosciutto crudo
b. libro
c. mela
d. pane
e. caffè
f. esami

8 Completa come nell'esempio.

- Bevete tutto questo latte oggi?
- Sì, *lo beviamo* tutto. / No, *ne beviamo* solo un litro.

1. • Prendi tutti questi giornali?
   • Sì, ... tutti.

2. • Mangi tutta questa pasta?
   • No, ... solo un piatto.

3. • Conosci tutti i professori della scuola?
   • Sì, ... quasi tutti.

4. • Farai tutti questi esercizi?
   • No, ... solo alcuni.

5. • Inviterete tutte queste persone alla festa?
   • Sì, ... tutte.

6. • Perché preparate tutte queste torte?
   • .... tante perché alla festa verrà molta gente!

7. • Signora, quanti pomodori vuole? Due chili o tre chili?
   • .... solo un chilo, grazie.

9 Completa i participi passati.

SANTIAGO, ITALIA

UN FILM DI **NANNI MORETTI**

1. Bello il film di Nanni Moretti che mi hai regalato! L'ho vist...... ieri sera con Cristina, veramente bello.

2. Ti piace questo vestito? L'ho comprat...... nel negozio vicino alla banca.

3. Gli amici di Piero sono simpatici. Li ho conosciut...... alla sua festa.

4. Ti piacciono le mie scarpe? Le avevano regalat...... a mia sorella, ma lei non le metteva mai e le ha dat...... a me.

5. Marco, dove sono i regali per i bambini? Non li hai portat......?

6. L'email di Marta? Non l'ho ricevut......, quando l'ha mandat......?

7. Maria? L'ho vist...... ieri, ma non mi ha detto niente del suo nuovo lavoro.

8. Hai visto che bel mazzo di fiori? L'ho ricevut...... per il mio compleanno!

9. Non trovo le chiavi. Che strano, le avevo mess....... qui.

10 Riscrivi la parte di frase in verde, come nell'esempio.

Non vedevo Mario da tanto tempo e ho incontrato Mario allo stadio.
Non vedevo Mario da tanto tempo *e l'ho incontrato allo stadio* .

1. Ho cercato i biscotti, ma non ho trovato i biscotti.
   Ho cercato i biscotti, ...

2. Non ho salutato Alice perché non ho visto Alice.
   Non ho salutato Alice ....

3. Ho scritto due email ma non ho spedito le email.
   Ho scritto due email ....

4. Abbiamo chiuso le finestre ma il vento ha aperto le finestre.
   Abbiamo chiuso le finestre ....

5. Ho comprato un nuovo libro ma ho dimenticato il libro da Lidia.
   Ho comprato un nuovo libro ....

6. Devo rifare il passaporto perché ho perso il passaporto.
   Devo rifare il passaporto ....

11 Completa le risposte con *ne* e il passato prossimo.

1. • Avete visitato tutte le chiese di Roma?
   • No, siamo stati a Roma pochi giorni: ....
   solo tre o quattro, le più importanti.

2. • Hai invitato tutti i tuoi amici al matrimonio?
   • No, ... solo alcuni.

3. • Quanti caffè hai bevuto da stamattina?
   • .... solo due.

4. • Sofia, hai grattugiato il formaggio?
   • Non ho avuto molto tempo, ... solo un po'.

5. • Hai sentito l'ultima canzone di Mahmood?
   • .... molte, ma l'ultima non l'ho ancora sentita.

6. • Fabio, quante foto hai mandato ai tuoi compagni?
   • Veramente, ... nessuna.

7. • Hai incontrato i tuoi professori alla presentazione del libro?
   • .... solo uno, gli altri non sono potuti venire.

8. • Signor Gigli, ha fatto tutti gli esercizi di inglese?
   • No, ... un po', ma non li ho finiti.

12 Completa con *lo*, *la*, *li*, *le* o *ne* e il passato prossimo dei verbi.

1. Di scarpe .... (comprare, io) molte, però queste sono le più comode.
2. Le ragazze, Natalia .... (incontrare) in biblioteca: erano andate lì per studiare.

3. Io, di cani, ... (avere) tre e .... (amare) molto.

4. I film di Benigni, ... (vedere) tutti, ma quello che mi piace di più è *La vita è bella*.

5. Belle canzoni a Sanremo, no? .... (sentire) molte e quella di Achille è la migliore!

6. Di gente simpatica, a quella festa, ... (conoscere) proprio poca!

7. Il tiramisù .... (mangiare) tutto i ragazzi, ma se vieni a pranzo da noi domenica ne faccio un altro.

8. Di case, io e Grazia .... (vedere) almeno dieci, ma erano tutte molto care.

13 Completa le risposte, come nell'esempio. Attenzione al tempo verbale!

- ● Carlo ha cambiato casa? Quando?
- ● Un mese fa, *l'abbiamo saputo* da sua sorella.

1. ● La settimana prossima c'è il concerto di Arisa!
   ● ...., abbiamo già comprato i biglietti.

2. ● Simpatica, no, la nuova professoressa d'italiano?
   ● Sì, molto, ... ieri.

3. ● Chi sono i signori Wolff?
   ● Sono dei signori di Bonn, ... quando sono andato in vacanza alle Maldive.

4. ● Anna, Francesco parte per gli Stati Uniti!
   ● Davvero? Non ....! Tu quando l'hai saputo?

5. ● Papà, ha chiamato il professor Perrone. Ma chi è?
   ● Ah, ... molti anni fa a Torino, eravamo colleghi.

6. ● Dovevate portare i documenti per l'abbonamento alla metro...
   ● Davvero? Non .... Possiamo portarli lunedì?

Giochi

14 Completa il dialogo con le espressioni.

cosa posso fare ◆ sei molto gentile ◆ Mi puoi aiutare
ti aiuto ◆ ho bisogno del tuo aiuto ◆ Mi dispiace

Kate: Ciao, Angelo, ... (1).

Angelo: Ciao Kate, ... (2) per te?

Kate: Sai, devo scrivere una mail alla scuola di italiano e non voglio fare errori. .... (3)?

Angelo: .... (4), ma adesso non posso. Possiamo scriverla oggi pomeriggio?

Kate: Credi che avrai abbastanza tempo?

Angelo: Certo, vedrai, non ci metteremo tanto.

Kate: Grazie, ... (5)

Angelo: Figurati, lo sai che se posso, ... (6) volentieri.

15 Completa le frasi come negli esempi. Metti il pronome dopo l'infinito nelle frasi dispari (1, 3, 5) e prima del verbo modale in quelle pari (2, 4, 6).

Se è finito lo zucchero / posso portare io un pacco di zucchero.
Se è finito lo zucchero, *posso portarne io un pacco.*
Se è finito lo zucchero, *ne posso portare io un pacco.*

1. Mi dispiace, il vestito che piace a Lei non c'è / Vuole vedere un altro vestito?
   Mi dispiace, il vestito che piace a Lei non c'è. .... ?

2. I biscotti che ho comprato sono molto buoni / vuoi assaggiare un biscotto?
   I biscotti che ho comprato sono molto buoni, ... ?

3. È finito il latte / puoi comprare il latte?
   È finito il latte, ... ?

4. Ho già bevuto un bicchiere di vino / non voglio bere un altro bicchiere.
   Ho già bevuto un bicchiere di vino, ...

5. Ti è piaciuta la torta? / Vuoi mangiare un'altra fetta di torta?
   Ti è piaciuta la torta? .... ?

6. Sono stato a Torino e / ho potuto visitare tutta Torino.
   Sono stato a Torino e ....

Piazza San Carlo, To

16 Trasforma le parti in blu dell'email con i pronomi diretti o *ne*, come nell'esempio.

Re: Arrivo!!!   —   ⤢   ✕

A: Giulia

Ciao, come stai? Qui tutto bene. Quest'anno devo studiare veramente tanto, ho un sacco di esami da fare e, se voglio finire l'università l'anno prossimo, devo fare sette esami (1) questo mese. La settimana scorsa ho fatto un esame (2) importante, ma non so ancora se ho passato l'esame (3). Nella tua mail chiedevi di Aldo, ma sai che non vedo Aldo (4) da un paio di settimane? Sai chi ho visto ieri in centro? Camilla e Teresa. Erano con noi al corso di inglese, ricordi? Ho incontrato Camilla e Teresa (5) in un negozio: all'inizio non avevano riconosciuto me (6), poi ho salutato Camilla e Teresa (7) e abbiamo cominciato a parlare. Salutano te (8) tanto. Ho il loro numero di telefono. Se vuoi, puoi chiamare Camilla e Teresa (9) o possiamo uscire con loro quando arrivi... Sono proprio contenta che vieni! Aspetto te (10) la prossima settimana.
Un abbraccio, Piera

1. *devo farne sette/ne devo fare sette*   6. ....
2. ....   7. ....
3. ....   8. ....
4. ....   9. ....
5. ....   10. ....

Invia

17 Completa il dialogo con le parole/espressioni date.

> vasetti ◆ etti ◆ pacco ◆ scatolette ◆ in offerta ◆ lista della spesa
> al chilo ◆ quanti ne vuole ◆ che cosa desidera ◆ vorrei

- Buongiorno! Ho visto sulle Pagine Gialle che consegnate la spesa a casa. È vero?
- Certo, signora! Prego, ... (1)?
- Aspetti, ho fatto la .... (2). Allora: prosciutto...
- Abbiamo quello di Casa Modena .... (3).
- Ah, e quanto viene?
- 9 euro e 90 .... (4).
- Bene: ne prendo 2 .... (5). Poi .... (6) degli yogurt bianchi.
- .... (7)?
- Sei .... (8), grazie. Poi un .... (9) di biscotti e tre di penne integrali.
- Va bene. Qualcos'altro?
- No, basta così, grazie... Ah, dimenticavo... Silvio, il mio gatto! Tre .... (10) al pollo e due al pesce! Ecco... Adesso è tutto!
- Bene, allora passiamo all'indirizzo...

18 I negozi. Completa lo schema. Nella colonna verde troverai il nome del più famoso mercato di Venezia.

1. Ci manda lì il dottore.
2. Vende pesce.
3. Vende anche cornetti.
4. Ci trovi l'ultimo best seller.
5. Ci compriamo i pomodori.
6. Ci andiamo anche per San Valentino!

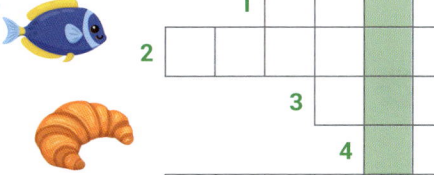

19 a Scegli l'alternativa corretta.

1. ● Noemi, hai la cartina della città di Napoli?
   ● Sì, ce l'ho/ce l'abbiamo.

2. ● Ragazzi, avete i libri?
   ● No, non ce le abbiamo/ce li abbiamo.

3. ● Tommaso, hai lo zucchero, per favore?
   ● Sì, ce l'ho/ce l'ha!

4. ● Professore, ha i risultati degli esami?
   ● No, non ce l'ho/ce li ho ancora.

5. ● Emanuela, è bellissima la tua borsa!
   ● Grazie! Ce l'abbiamo/Ce l'ho da due anni.

6. ● Marco, hai tu i fiori per la nonna?
   ● No, ce l'hanno/ce li ha Alessia.

b Completa le risposte, come nell'esempio.

- C'è una tabaccheria in zona?
- Sì, ...*ce n'è*............ una proprio all'angolo.

1. • C'è una pizzeria qua vicino?
   • .... tante, ma la pizzeria "Bella Napoli" è la migliore.

2. • C'è il pane?
   • Sì, ... quasi un chilo.

3. • C'è una buona pasticceria qui vicino?
   • Sì, ... due. Una in via Piave e una in via Po.

4. • C'è un teatro in questa città?
   • Non .... solo uno, ma .... molti.

5. • Ci sono ancora quelle librerie che vendono libri di seconda mano vicino all'università?
   • No, non .... più. Hanno chiuso.

6. • C'è un fioraio vicino alla stazione? Vorrei prendere un mazzo di rose per Monica.
   • Sì, ... uno proprio dentro la stazione.

20 Guido e Grazia sono al supermercato. Ascolta il dialogo e indica i prodotti che hanno comprato.

crema idratante

formaggio

sugo barilla

shampoo

caffè

detersivo

vino

gel per capelli

funghi

dentifricio

frutta

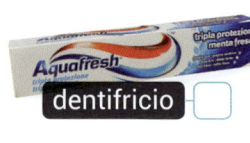
mozzarella

olio

olive

sugo star

kinder allo yogurt

latte

21 Completa con *ne*, *ci* e i pronomi diretti.

> **Chiara Tumi** Ciao ragazzi! Mia zia mi ha regalato due biglietti per il concerto di Tiziano Ferro. A me non piace molto. Voi cosa .... (1) pensate?
>
> **Riccardo Spagnoli**
> Io .... (2) ho visto l'anno scorso: bravissimo! Secondo me, devi andare!
>
> **Giacomo Poloni**
> Tiziano Ferro non piace neppure a me. I biglietti, ... (3) puoi vendere on line! 😜
>
> **Antonio Ruzza**
> Io, di concerti di Tiziano Ferro, ... (4) ho visti tre. Sono sicuro che, se vai, ti piacerà moltissimo. 😍
>
> **Maura Dalto**
> Io, dei suoi concerti, ... (5) ho visti almeno 8! È fantastico. Se i biglietti .... (6) regali a me, ... (7) vado volentieri! 😛
>
> **Elena Bergamin**
> Io, a un suo concerto, ... (8) sono andata l'anno scorso. C'era anche Carmen Consoli. Anche lei è bravissima! .... (9) ho sentita a quel concerto e poi ho comprato tutti i suoi vecchi CD!

22 Completa il testo con le preposizioni.

Che differenza c'è tra fare la spesa al mercato vicino .... (1) **casa e** ...... (2) **supermercato?**

Al mercato impariamo tante cose sulla natura e .... (3) prodotti locali e di stagione, mentre al supermercato in ogni momento .... (4) anno troviamo cibi, frutta e verdura che vengono .... (5) tutto il mondo.

I supermercati sono convenienti, ma è vero anche che, soprattutto .... (6) frutta e la verdura, il mercato può essere più economico: possiamo confrontare i prezzi; possiamo "tirare sul prezzo", cioè chiedere uno sconto; possiamo anche aspettare l'orario .... (7) chiusura per avere sconti più alti.

Ma qual è il più comodo? Qui vince il supermercato: l'orario è continuato e c'è sempre un grande parcheggio! Per chi lavora, ad esempio, andare al mercato è difficile: molti mercati chiudono prima .... (8) cinque!

Insomma, il supermercato sembra davvero la scelta migliore, ma possiamo rinunciare alla scelta, ... (9) colori e ai profumi del mercato di quartiere?

A Completa gli spazi blu con i pronomi diretti e *ne* e gli spazi rossi con le preposizioni corrette.

Ho sempre desiderato un cane! .... (1) ho chiesto uno .... (2) miei genitori quando ho iniziato le scuole elementari, ma .... (3) quel periodo vivevamo in un piccolo appartamento in centro. Quando però siamo andati .... (4) vivere in periferia sono riuscito .... (5) convincere mio padre! Allora siamo andati al canile della città, dove ci sono molti cani abbandonati o nati per strada, e .... (6) abbiamo scelto uno. .... (7) ho trovato subito: piccolo, marrone, simpatico, Pablo! Pablo ama molto le giornate di sole e .... (8) passa a dormire in giardino. Il pomeriggio, quando torno da scuola, ... (9) aspetta sempre sulla porta! Due mesi fa, quando .... (10) abbiamo perso per cinque giorni, eravamo tutti disperati, anche mia sorella che dice sempre che non .... (11) vuole vedere! Insomma, Pablo è importante .... (12) tutta la nostra famiglia e quando .... (13) vediamo giocare, mangiare o correre, ... (14) fa stare tutti bene!

B Scegli l'alternativa corretta.

1. Quel libro, ... (1) aveva regalato mio nonno a mia nonna. Se ...... (2) prendi, devi stare molto attenta.

   (1) a. la   (2) a. l'
        b. l'   b. ti
        c. le   c. lo

2. Di email ...... (1) tre, ma non ho ricevuto nessuna risposta perché ...... (2) a un indirizzo sbagliato.

   (1) a. ne ho spedite   (2) a. vi ho spediti
        b. le ho spedite   b. ne ho spedite
        c. ne ho spediti   c. le ho spedite

3. Maria, che bella la tua gonna! Dove ...... (1)? ...... (2) anche in nero?

   (1) a. la compri   (2) a. Ce l'abbiamo
        b. l'hai comprata   b. Ce lo avevano
        c. la compravi   c. Ce l'avevano

4. • Francesco, ... (1) che Patrizia ha deciso di fare un master in Canada?
   • Sì, ... (2) proprio ieri da sua sorella.

   (1) a. conoscevi   (2) a. lo sapevo
        b. lo sapevi   b. l'ho conosciuto
        c. l'hai conosciuto   c. l'ho saputo

5. • ...... (1), signora?
   • ...... (2) Vorrei due chili di arance.

   (1) a. Ti posso aiutare (2) a. Sì, grazie!
        b. Vuoi una mano   b. Grazie, ma non importa!
        c. Ha bisogno di aiuto   c. Grazie, faccio anche da sola!

6. • .... (1) oggi perché domani sono molto occupata.

   • Va bene. A che ora .... (2) a prendermi?

   (1) a. Ho voluto vederti   (2) a. vuoi passare

        b. Ti voglio vedere   b. sei voluto passare

        c. Ti vorrò vedere   c. vorrai passarmi

7. Ho comprato tre .... (1) di marmellata biologica in offerta speciale al .... (2).

   (1) a. vasetti   (2) a. fruttivendolo

        b. chili   b. pasticceria

        c. pacchetti   c. supermercato

8. • Valeria, abbiamo preso tutto per la festa? Le bibite .... (1)?

   • Sì, ... (2) due bottiglie: una nella borsa rossa e un'altra in quella verde.

   (1) a. ce l'ho   (2) a. ce ne sono

        b. ce le abbiamo   b. non c'è

        c. ce li avete   c. ce n'è

C Risolvi il cruciverba.

Orizzontali	Verticali
3. Una cosa che non ti aspetti è una	1. Un tuo amico vince la tombola di Natale. Cosa dici?
4. 100 grammi.	2. Lì prendiamo la torta per il compleanno di Antonio.
9. Hai studiato molto, ma non hai passato l'esame. Cosa dici?	5. Per fare il pane servono acqua, farina, sale e ... .
10. Lo usiamo per lavare i denti.	6. 1000 grammi.
	7. Un tuo amico doveva venire a trovarti, ma alla fine non verrà. Cosa dici?
	8. Parte del corpo che "diamo" per offrire aiuto!

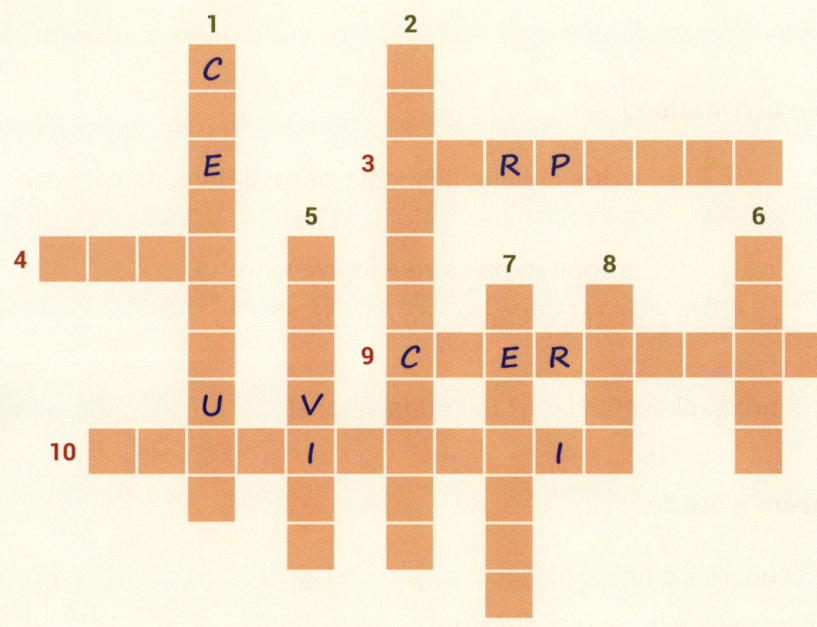

Risposte giuste: .... /40

Giochi

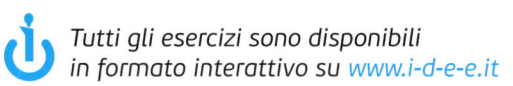
Unità 6, 7 e 8

3° test di ricapitolazione

A Completa le frasi con gli articoli e i possessivi.

1. Oddio! Ho dimenticato .... scarpe preferite a Roma!
2. Con Martina e Ennio vengono anche .... colleghi?
3. Dottor Ginetti, ecco .... insalata!
4. Sono questi .... occhiali da sole, signora?
5. Ragazzi, come si chiama .... gatta?
6. I signori Di Carlo hanno comprato una bella casa per .... figli.
7. Giovanni, abbiamo ricevuto .... invito, grazie!

.... /7

B Completa con i possessivi. Metti gli articoli solo se è necessario.

1. Non abbiamo potuto chiamare Maria perché abbiamo perso .... numero di telefono.
2. Ha preso l'auto di .... padre perché .... moto non parte.
3. Fabrizio, come sta .... sorella? L'ho vista ieri al parco con .... bambini.
4. Valentina, è vero che sabato scorso era .... compleanno?
5. Lo stipendio di Roberto è molto basso, anche per questo non ama .... lavoro.
6. Dottor Pasquano, è arrivato .... figlio.
7. Noi abbiamo una sorella e un fratello: .... fratello si chiama Marco e .... sorella si chiama Cristina.

.... /10

C Completa con la forma giusta di *volerci* o *metterci*.

1. Per andare a Milano in treno .... due ore con il Frecciarossa; il Regionale invece .... più di tre ore.
2. Non ho aspettato i ragazzi: .... troppo in palestra e io avevo fretta.
3. Nicola, quanto .... per fare il panettone? Secondo questo sito, ... solo tredici ore!
4. Lucia, quanto .... a finire gli esercizi ieri? Sei stata veloce!

.... /6

D Completa con la forma giusta di *questo* e *quello*.

1. Con .... freddo è meglio accendere il camino.
2. .... signora seduta accanto a Maria è la moglie di Arturo.
3. Com'è bello .... orologio! È un regalo dei tuoi genitori?

4. Sono veramente comode .... sedie!

5. Vedi .... studenti vicino alla porta? Sono canadesi.

E Completa le risposte con il pronome adatto e il verbo al passato prossimo.

1. • Hai mai mangiato la caprese?
   • No, non .... mai .... E tu?

2. • Maria, quanti messaggi hai scritto a Luca?
   • .... solo tre!

3. • Avete preso il regalo per il compleanno di Cesare?
   • Sì, ... la settimana scorsa!

4. • Hai conosciuto gli amici di Matteo in vacanza?
   • Sì, ... Sono molto simpatici!

5. • Simona, hai visto le scarpe nuove di Giulia? Belle, eh?
   • Certo, ... sabato: lei .... per andare a teatro. Molto belle!

6. • Hai comprato la mozzarella?
   • No, non .... perché non era in offerta.

.... /7

F Completa le frasi con *mi piace*, *mi piacciono* e *vorrei*.

1. .... Bologna! Secondo me, è una delle città più belle d'Italia.

2. .... andare all'estero, ma quando sono lì .... tornare a casa!

3. Non .... i ragazzi con i capelli lunghi.

4. Cameriere, ... un altro caffè, per favore.

5. I formaggi francesi .... molto!

.... /6

G Completa le frasi con la forma giusta dei verbi.

1. incontrare/andare   Tu, prima, ... Paolo mentre .... in ufficio?

2. aspettare/andare   Ieri loro ti .... un po', ma poi .... via.

3. visitare/partire   Durante le vacanze andremo a Firenze e a Siena. Dopo che .... Firenze, ... per Siena.

4. fare/capire   Io ieri non .... i compiti perché non .... che cosa dovevo fare.

5. venire/avere   Domani io non .... perché .... da fare.

6. volere/lavorare   I miei genitori .... andare in vacanza, ma mio padre .... tutto il mese di agosto.

7. volere/trovare   Noi .... andare al concerto, ma non .... i biglietti.

.... /14

Risposte giuste: .... /55

1 Completa con il presente dei verbi riflessivi alla prima persona singolare.

La mattina .... (1. svegliarsi) sempre presto, ...
(2. alzarsi) con calma, ... (3. farsi) la doccia e ....
(4. lavarsi) i denti. Poi .... (5. vestirsi) e faccio colazione.
Alle otto vado all'università e seguo le lezioni. Il pomeriggio studio e la
sera di solito esco con i miei amici: andiamo in pizzeria o al bar. Con loro
.... (6. trovarsi) bene e .... (7. divertirsi) molto.
Torno a casa sempre verso le undici, sto un po' su Internet e quando vado
a letto .... (8. addormentarsi) subito.

2 Scegli l'alternativa giusta.

1. Giulia, prima di uscire, si guardava/guardava sempre le previsioni del tempo.

2. Tutte le mattine, prima di uscire, Giulia si guardava/guardava allo specchio.

3. Mario si sveglia/sveglia sempre alle sette.

4. Mario si sveglia/sveglia i suoi bambini alle otto.

5. Francesca si trova/trova molto bene con i nuovi colleghi.

6. Francesca non si trova/trova il suo cappotto rosso. Tu l'hai visto?

7. Come si chiama/chiama quel tuo amico francese?

8. Perché il tuo amico francese non si chiama/chiama
   il cinema per sapere gli orari degli spettacoli?

3 Completa con i pronomi riflessivi.

1. Io non .... pettino mai.

2. L'autobus .... ferma proprio sotto casa mia.

3. Fabio, la domenica .... svegli presto?

4. Stasera portiamo i bambini a casa di Francesca.
   Da lei .... divertono sempre tantissimo!

5. .... faccio la doccia e poi esco.

6. Lo sai che Riccardo .... laureerà a giugno? Finalmente!

7. Come .... chiamano i tuoi gatti?

8. Ragazzi, ... ricordate che abbiamo appuntamento alla stazione
   centrale alle 4, no?

4 Completa con i verbi riflessivi dati.

ti vesti ♦ mi alzo ♦ si mettono ♦ si trova ♦ ci divertiamo
mi arrabbio ♦ vi svegliate ♦ si addormentano

1. .... sempre tardi, per questo arrivate a lezione a quest'ora!

2. Debora e Fabrizio .... sempre i soliti vestiti.

3. Basta, Giorgio! Se continui così, ...!

4. Giulio .... in una situazione difficile, dobbiamo aiutarlo.

5. Quando usciamo con loro, ... sempre tanto: sono molto simpatici.

6. Quando vanno a letto, i bambini .... subito.

7. Perché .... in fretta? Sei in ritardo?

8. La mattina, appena ...., preparo il caffè.

5 Completa con la forma giusta dei verbi riflessivi.

1. Faccio una passeggiata nel parco e dopo .... (riposarsi).

2. Matteo non .... (addormentarsi) se la luce è accesa.

3. Sono sicuro che domani alla festa .... (divertirsi, voi) moltissimo.

4. .... (Ricordarsi, noi) di questo esame per tutta la vita: è stato veramente molto difficile.

5. I tuoi genitori non .... (preoccuparsi) se a quest'ora sei ancora fuori?

6. Da giovani, Anna e Lidia .... (vestirsi) sempre alla moda.

7. Quando abitava fuori città, Margherita .... (alzarsi) sempre molto presto.

8. Vedrai che Cesare, quando avrà conosciuto meglio i suoi colleghi, ... (trovarsi) benissimo a Bari, la sua nuova città.

6 Completa le frasi con i verbi dati. Attenzione: ce ne sono 2 in più!

vi parlate ♦ ci vediamo ♦ si mettono ♦ si sposano ♦ si conoscono
ci guardiamo ♦ ci sentiamo ♦ si lasciano ♦ vi scrivete

1. Marcello e Lisa .... perché non stanno più bene insieme.

2. Oggi le giovani coppie .... sempre di meno.

3. Perché tu e Vittoria non .... più? Avete litigato?

4. Mia madre e mio padre .... dai tempi dell'università.

5. Io e Manuel, il mio ex, ... domani!

6. Io e Fabiana .... spesso per telefono.

7. Lo sai che forse Elisabetta e Simone .... insieme?

7 Completa le risposte.

1. • È vero che il mese prossimo Alberto si sposerà?
   • Sì, Alberto e Adele .... il 23 marzo.

2. • Riccardo, quando ti laureerai?
   • Ormai è sicuro, ... a ottobre.

3. • Silvia, ti ricordi di comprare i pantaloni per la montagna?
   • ...., stai tranquillo.
     Lo so che domenica abbiamo il trekking!

4. • Paola, ti presento Giulia. Vi conoscete già?
   • No, non ....,
     anche se abitiamo nello stesso palazzo.

5. • Eleonora, ti metti la giacca rossa?
   • No, ... la giacca
     nera con il vestito rosso: è più elegante.

6. • Davvero ogni giorno prendete il treno per Milano
     da Vicenza? Ma non vi stancate?
   • Certo che ...., ma non ci piace guidare.

8 Completa i participi passati.

1. Certo che ci siamo sedut......... in metro! Alle 6 di mattina, quando la prendiamo noi, ci sono sempre posti liberi.

2. In albergo non c'era l'acqua calda e Marcella e io non ci siamo fatt......... la doccia!

3. Ragazzi, dove siete? Perché non siete ancora arrivati? Siamo preoccupat......... per voi!

4. Sara e Francesca si sono incontrat......... per caso sul treno per Milano.

5. Sono dovuto uscire in fretta e non mi sono fatt......... neppure la barba.

6. Mi sono stancat......... perché sono stato molte ore in piedi.

7. Angela si è laureat......... l'anno scorso.

8. Juan e Pedro si sono trovat......... molto bene in Italia.

9 Completa con i verbi al tempo giusto, come nell'esempio in blu.

1. Se Lucia non ...._si sbrigherà_......... (sbrigarsi), arriveremo in ritardo all'appuntamento.

2. Conosco il signor Rossi da molti anni: è molto simpatico e .... (darsi) del tu.

3. Non appena le ragazze .... (mettersi) il cappotto, usciranno a fare una passeggiata al parco.

4. Roberta e Claudio .... (guardarsi) per qualche minuto: non riuscivano a capire dove si erano già visti.

5. Andrea .... (innamorarsi) subito di Silvia, non appena l'ha vista.

6. • Perché ci hai messo tanto?
   ▪ .... (Addormentarsi) sul divano dopo pranzo!

7. Io e Rosa, da piccole, a scuola .... (annoiarsi) così tanto che .... (addormentarsi)!

8. Patrizia, scusa tanto! .... (Dimenticarsi) dell'appuntamento!

10 Completa le frasi al passato.

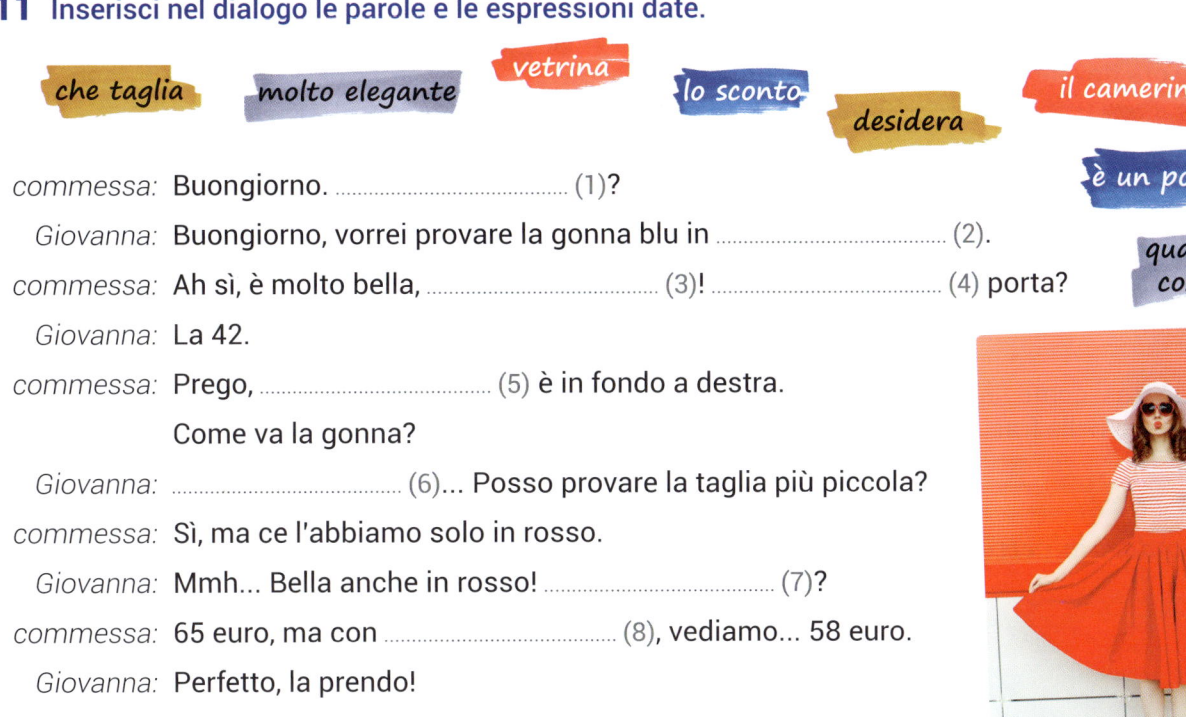

1. Ogni volta che vado a raccogliere funghi mi perdo... Anche la settimana scorsa ....!

2. Luisa si trova bene qui a Roma? Ma come .... a Napoli l'anno scorso?

3. Ada si alza spesso durante la notte per bere un bicchiere d'acqua. Ieri notte .... tre volte.

4. Ci fermiamo pochi giorni in Italia perché .... più di una settimana dai miei in Francia.

5. Ogni volta che Lidia e Filippa vanno in palestra si sentono in forma. Ieri però .... male perché faceva troppo caldo.

6. Di solito, quando mi sveglio sono sempre positivo e tranquillo. Ieri, però, quando ...., ero molto agitato.

11 Inserisci nel dialogo le parole e le espressioni date.

che taglia *molto elegante* *vetrina* *lo sconto* *desidera* *il camerino* *è un po' larga* *quanto costa*

commessa: Buongiorno. .... (1)?

Giovanna: Buongiorno, vorrei provare la gonna blu in .... (2).

commessa: Ah sì, è molto bella, ... (3)! .... (4) porta?

Giovanna: La 42.

commessa: Prego, ... (5) è in fondo a destra. Come va la gonna?

Giovanna: .... (6)... Posso provare la taglia più piccola?

commessa: Sì, ma ce l'abbiamo solo in rosso.

Giovanna: Mmh... Bella anche in rosso! .... (7)?

commessa: 65 euro, ma con .... (8), vediamo... 58 euro.

Giovanna: Perfetto, la prendo!

12 Trova i vestiti e gli accessori nel parolone. Con le lettere che restano completa il nome del cappello che portano i signori nella foto!

guanticappottoccinturacalzegiubbottooscarpe
ppantalonigonnapoocchialilsciarpaacamicia

La .... è il classico cappello maschile da lavoro, molto popolare sia in America che in Europa agli inizi del ventesimo secolo. In Italia lo vedete in tantissime fotografie del secolo scorso ed è ancora molto diffuso in Sicilia, Calabria e Sardegna.

13 Rispondi alle domande, come negli esempi.

- • A che ora devi alzarti per andare a scuola?
- • *Mi devo alzare* alle sette. / • *Devo alzarmi* alle otto.

1. • Silvia, da cosa vuoi travestirti per la festa di Carnevale da Mario?
   • .... da Cleopatra!
   • Non ....! Preferisco non andare alla festa.

2. • Perché non vi volevate svegliare presto?
   • Non .... presto perché eravamo andati a letto tardi.
   • Noi non .... presto perché eravamo molto stanchi.

3. • Secondo te, mi devo preoccupare per Giorgia?
   • No, non ....: è una brava ragazza!
   • Secondo me, non ....: andrà tutto bene, vedrai!

4. • A che ora dovete incontrarvi tu e tuo cugino oggi?
   • .... alle 4 in piazza Bra.
   • Non .... oggi, ma domani.

5. • Sbaglio o io, te ed Elena ci dobbiamo vedere oggi?
   • Non sbagli, ... alle 9 per fare delle foto.
   • Infatti, ... per fare la pizza con i bambini!

14 Completa le frasi come nell'esempio. Metti il pronome prima del verbo modale nelle frasi pari (2, 4, 6) e dopo l'infinito nelle frasi dispari (1, 3, 5).

doversi pettinare

Mi sono dovuto pettinare per andare a scuola! / *Ho dovuto pettinarmi* per andare a scuola!

1. volersi svegliare

   Io .... presto per andare a correre.

2. doversi sbrigare

   Noi .... per non perdere il treno.

3. **doversi fermare**

Anna e Luisa ....
perché avevano sbagliato strada.

4. **potersi alzare**

Sono stato male e per una settimana non
.... dal letto!

5. **volersi vestire**

I ragazzi .... con
abiti sportivi anche per la loro laurea.

6. **volersi mettere**

Lia e Francesca ....
le scarpe con il tacco per la festa di Giulia.

---

15 Silvia e Gioia fanno spese insieme. Metti in ordine il dialogo.

☐ *Silvia:* Beh, è così il modello! Vabbè, andiamo a vedere i vestiti. Ecco.
Che te ne pare di questo? Ti piace? Va bene per il matrimonio di Eleonora, no?

☐ *Silvia:* Oh, ma oggi non ti piace proprio niente!?

[1] *Silvia:* Gioia, la compro questa gonna? Che ne pensi? Ti piace?

[5] *Silvia:* Mmh... Dici?

☐ *Gioia:* Non so... Forse non mi piace molto nemmeno il colore. Non c'è in grigio?

☐ *Gioia:* Veramente... Mi sembra un po' corta... Non c'è più lunga?

☐ *Gioia:* Mah... lo trovo un po' troppo... sportivo, per un matrimonio.

---

16 Trasforma le frasi usando il *si impersonale*.

Giochi

1. Quando uno è in vacanza, spende tanto. ➜ ....

2. Uno studia meglio con un amico. ➜ ....

3. Se uno cammina un'ora al giorno, sta bene. ➜ ....

4. In Italia la gente di solito pranza all'una. ➜ ....

5. Al ristorante "Da Pino" uno mangia bene. ➜ ....

6. Non scriviamo sui libri della biblioteca. ➜ ....

---

17 a Completa le frasi con la forma impersonale dei verbi dati.

aiutarsi ♦ darsi ♦ presentarsi
sentirsi ♦ svegliarsi ♦ vestirsi

1. In Italia, si dà la mano quando ....

2. Quando si fa tardi la sera, ... con difficoltà.

3. Tra amici .... del tu.

4. Qualche volta, quando si ha fretta, ... male.

5. Tra colleghi .... sempre.

6. Dopo un lungo viaggio .... molto stanchi.

b Cosa si fa in vacanza al mare? Scrivi una breve frase per ogni fotografia. Usa il *si impersonale*.

andare a ballare ✦ *riposarsi* ✦ *uscire con gli amici*
giocare con gli altri ✦ *rilassarsi in spiaggia* ✦ *alzarsi tardi*

18 Riscrivi le frasi, come nell'esempio.

Quando uno sta bene, è felice. ➡ *Quando si sta bene, si è felici.*

1. Con tutti questi social, uno non è mai sicuro di sapere la verità.

   ....

2. Dopo una bella passeggiata, mi sento più forte.

   ....

3. Quando uno lavora troppo, si stanca.

   ....

4. Se uno guarda un film di Verdone, ride!

   ....

5. Quando sono nervoso, non riesco a dormire.

   ....

19 Ricostruisci le frasi. Comincia con la parola blu.

1. tanto I preoccuparsi I per I è I inutile I niente

   ....

2. è I questo I impossibile I lavoro I prima I finire I di I domani.

   ....

3. leggere | per fare | questo | è | necessario | libro | l'esame

....

4. per trovare | vestiti | provare i | giusta | bisogna | la taglia

....

5. possibile | sconto | avere | è | un piccolo

....?

20 Trova la parola estranea.

1. stile | lana | cotone | seta
2. classico | sportivo | moderno | tessuto
3. prezzo | saldi | sconto | cappotto
4. a fiori | a righe | blu | stivali
5. stretto | indossare | largo | corto
6. borsa | jeans | cintura | occhiali da sole

21 Ascolta il dialogo e scegli l'alternativa corretta.

1. Il cliente cerca

   a. un paio di occhiali
   b. due paia di occhiali
   c. degli occhiali piccoli

2. Il ragazzo non compra il primo modello perché

   a. ha solo lenti da miopia
   b. la montatura è troppo leggera
   c. la montatura non è leggera

3. Il modello di Armani che prova costa

   a. 240 €, senza lo sconto
   b. 240 €, senza le lenti
   c. 270 €, comprese le lenti

4. Il ragazzo non compra i Dolce&Gabbana perché

   a. il prezzo è alto
   b. non gli piacciono
   c. si preoccupa della qualità

22 Completa con la forma giusta dei verbi (spazi blu) e le preposizioni (spazi verdi).

L'operaio Arturo Massolari lavorava .... (1) notte e finiva .... (2) sei. Durante la bella stagione tornava a casa .... (3) bicicletta; in inverno, invece, in tram. Arrivava a casa .... (4) le sei e trequarti e le sette. Più o meno quando arrivava, ... (5. svegliarsi) sua moglie, Elide. La moglie .... (6. alzarsi) e andava in cucina, dove Arturo aveva già preparato il caffè. A volte lui entrava in camera e la svegliava, ... (7) la tazzina del caffè. A quell'ora, la casa era ancora un po' fredda, ma Elide .... (8. spogliarsi) e .... (9. lavarsi). Poi andava .... (10) camera e .... (11. vestirsi). Quando era pronta, ... (12. mettersi) il cappotto, apriva la porta e lei e Arturo .... (13. darsi) un bacio.

adattato da *Gli amori difficili*, I. Calvino

23 Shopping online. Ci sono i saldi e Michela vuole comprare un po' di cose. Aiutala a scegliere i capi giusti. Leggi la lista e fai l'abbinamento.

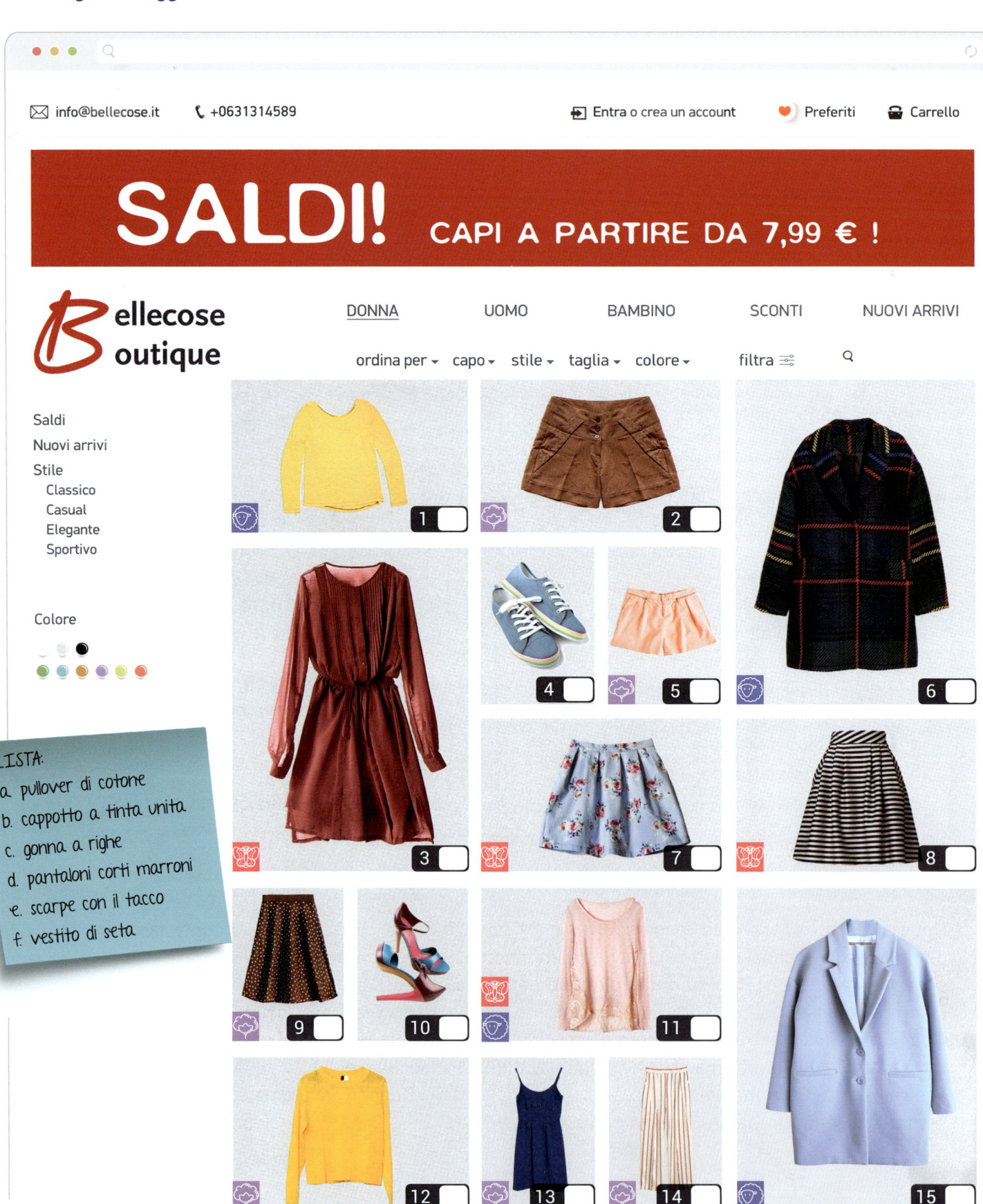

LISTA:
a. pullover di cotone
b. cappotto a tinta unita
c. gonna a righe
d. pantaloni corti marroni
e. scarpe con il tacco
f. vestito di seta

A Completa con la forma corretta dei verbi.

Come ogni giorno, anche oggi Maddalena .... (1. svegliarsi) alle 7.30, ... (2. alzarsi) subito ed è andata in cucina a fare colazione. Dopo .... (3. farsi) la doccia e ha iniziato a .... (4. prepararsi). Oggi, però, è una giornata speciale perché Maddalena .... (5. incontrarsi) con Riccardo. Non .... (6. vedersi) da un anno, però negli ultimi mesi .... (7. sentirsi) spesso su Facebook. Maddalena guarda tutti i suoi vestiti, ma niente sembra adatto per l'appuntamento... Alla fine, già in ritardo, ... (8. vestirsi) in fretta: .... (9. mettersi) i soliti jeans, il suo maglione preferito ed esce di casa senza prendere il regalo che aveva comprato per Riccardo.

B Scegli l'alternativa corretta.

1. Stamattina .... (1) tardi perché ieri sera sono andato in discoteca con Gianfranco: .... (2) un sacco!

   (1)   a. mi sono alzato   (2)   a. ci divertivamo

          b. mi ero alzato   b. ci siamo divertite

          c. mi alzavo   c. ci siamo divertiti

2. Anche se .... (1) da un anno, Marisa e Mario continuano a .... (2) come due vecchi amici.

   (1)   a. si lasceranno   (2)   a. vederli

          b. si sono lasciati   b. vederci

          c. si lasciavano   c. vedersi

3. Ogni volta che Gianni e io ci vedevamo non .... (1) perché eravamo in ritardo e non .... (2).

   (1)   a. ci salutavamo   (2)   a. ci potremo fermare

          b. ci salutiamo   b. ci possiamo fermare

          c. ci saluteremo   c. ci potevamo fermare

4. Per favore, Francesco! Oggi non .... (1) perché .... (2) di buon umore.

   (1)   a. voglio arrabbiarmi   (2)   a. mi ero svegliata

          b. mi voglio arrabbiato   b. mi sveglio

          c. volere arrabbiarmi   c. mi sono svegliata

5. .... (1) così elegante perché .... (2) con mio suocero.

   (1)   a. Avevo dovuto vestire   (2)   a. ti devi incontrare

          b. Mi sono dovuto vestire   b. devo incontrarmi

          c. Sono dovutomi vestire   c. si dovrà incontrare

6. • Scusi, ... (1) questi pantaloni?

   • .... (2)

   (1)   a. dov'è il camerino   (2)   a. Certo. Che taglia porta?

          b. quanto costano   b. Certo, c'è lo sconto.

          c. posso provare   c. Certo, non ci sono in nero.

7. • Ho comprato questo nuovo cappotto. .... (1) Ti piace?

   • Sì, anche se .... (2) troppo lungo.

   (1)   a. Che ne pensi?   (2)   a. secondo te
         b. Secondo te?   b. lo trovo un po'
         c. D'accordo?   c. non lo vedo

8. In quel ristorante .... (1) molto bene, ma .... (2) prenotare un mese prima.

   (1)   a. ci si mangia   (2)   a. è necessario
         b. si mangia   b. è possibile
         c. uno mangio   c. è bello

C Risolvi il cruciverba.

Risposte giuste: .... /35

Che c'è stasera in TV?

Unità 10

Quaderno degli esercizi

1 Fai l'abbinamento.

1. Se ti piace questo vestito,
2. Fra poco verrà Antonio
3. Signor direttore,
4. Amiamo moltissimo la musica
5. Franco, Camilla,
6. Quando mi scrive Luca...
7. Quando vado da Giovanna,
8. Se vedi Umberto ed Emilio,

a. vi piacciono i documentari storici?
b. divento nervosa!
c. e gli chiederemo di accompagnarci con l'auto.
d. e ci piace soprattutto andare ai concerti.
e. le chiedo i suoi appunti di storia.
f. puoi prenderlo.
g. gli dici che voglio parlare con loro?
h. Le telefono appena arrivo in ufficio.

2 Completa con il pronome indiretto e il verbo, come nell'esempio.

1. Professore, *ci spiega* (spiega a noi) i pronomi indiretti?

2. Ho saputo che Aldo ha cambiato lavoro: stasera .... (telefonerò ad Aldo) per saperne di più.

3. Signora, se questa gonna non .... (piace a Lei), ne abbiamo una a fiori molto bella.

4. Ho letto questo libro e .... (a me è sembrato) molto interessante.

5. Tullio, ... (lascio a te) le chiavi sul tavolo della cucina!

6. Domani è il compleanno di Elena: cosa .... (regali a Elena)?

7. Pronto, Chiara? Mi senti? .... (spedirò a te e alla mamma) il pacco nei prossimi giorni.

8. Stasera, al bar, vedrò Sara e Gioia e .... (chiederò a Sara e a Gioia) come è andato il loro primo giorno di lavoro.

3 Scegli l'alternativa corretta.

1. Quando verrete, ti/vi/ci faremo vedere la nostra città.
2. Ragazzi, anche se sarete in vacanza, Le/gli/ci promettete di mandare almeno un messaggio al giorno? Lo sapete che io e la mamma ci preoccupiamo!
3. Marco non guarda la TV con noi perché non gli/ti/mi piacciono le soap opera!
4. Anna, Le/ti/le piace il mio nuovo cappotto?
5. Signora Rossetti, Le/ci/ti dispiace telefonare più tardi?
6. Scusi, di questi pantaloni c'è una taglia più grande? Ti/Le/Mi sembrano un po' stretti.
7. Domani è il compleanno di Luisa: gli/le/ti farò gli auguri.
8. Ragazzi, ti/mi/vi dispiace ma è finita anche l'aranciata. Da bere c'è solo l'acqua.

4 Completa con i pronomi indiretti.

1. Il cinema? Non .... piace molto, preferiamo andare a teatro.

2. Mario, ... risponderò appena troverò un po' di tempo libero.

3. Signor Rossi, ... dispiace se apro la finestra?

4. Ragazzi, quando .... telefonerà il direttore per confermare l'appuntamento?

5. Non .... interessa vestirmi alla moda, anche se i capi di abbigliamento di alcuni stilisti italiani sono veramente belli.

6. È da tanto che non sentiamo Angela: domani .... scriviamo una mail.

7. La settimana prossima Maria e Piero faranno una festa: .... dobbiamo comprare un regalo.

8. Gianni non ha telefonato: forse non .... interessa venire in gita con noi.

5 Completa il racconto con i pronomi diretti (spazi **rossi**) e indiretti (spazi blu).

Ieri ho visto Paolo, ti ricordi, il nostro compagno del liceo. Non lo vedevo da anni! All'inizio non .... (1) aveva riconosciuto, poi .... (2) ho chiamato e abbiamo chiacchierato un po'. .... (3) ha raccontato che da più di due anni vive in Francia ed è qui solo per le vacanze. Dice che .... (4) piace vivere lì, ma vorrebbe tornare in Italia. In Francia, però, ha conosciuto una ragazza, Natalie. .... (5) parla spesso del nostro Paese e quando torna in Francia, dopo le vacanze, pensa di chieder............ (6) di tornare qui insieme a lui. .... (7) ha anche detto che possiamo andare a trovar............ (8) quando vogliamo!

6 Completa con il pronome indiretto e il verbo al passato prossimo.

1. Stefania, perché non .... (dire a noi) che volevi partecipare al talent show del sabato sera? Ti avremmo aiutata!

2. Non .... (inviare a te) le foto, perché ho perso il cellulare.

3. Quando Luigi e Giovanni sono arrivati, ... (presentare a loro) i miei amici.

4. Quella vacanza .... (fare a voi) veramente bene.

5. Maria .... (proporre a me) di andare ad abitare da lei.

6. Ho visto Maurizio, ma non .... (dire a lui) che la settimana prossima parto per gli Stati Uniti.

7. Hai parlato con Tiziana? E .... (chiedere a lei) se è libera sabato pomeriggio?

8. Abbiamo incontrato i signori Dardano in centro e .... (offrire a noi) un caffè.

7 Completa con il pronome diretto o indiretto e il verbo al passato prossimo.

1. L'email al direttore? Certo, ... (ho mandato l'email) una settimana fa.

2. Ho ricevuto un messaggio da Valerio, ma non .... (ho risposto a lui).

3. Monica, la trasmissione di ieri sera .... (è piaciuta a te)?

4. Gli zii .... (hanno fatto a noi) gli auguri per telefono.

5. Le lasagne da Pino sono buonissime! .... (abbiamo mangiato le lasagne) sabato scorso.

6. Ragazze, ... (sono arrivati a voi) i file? .... (ho inviato i file) ieri.

7. Sono arrivato tardi e non .... (hanno lasciato me) entrare anche se lo spettacolo era iniziato da poco.

8. Signora, come .... (è sembrato a Lei) il nuovo vicino? .... (trova il vicino) simpatico?

8 Completa con il verbo *piacere* al passato prossimo.

1. La tua amatriciana era veramente buona. Mi .... tanto!

2. Siamo andati a vedere delle macchine elettriche. Ci .... molto, ne prenderemo una.

3. Vi .... i biscotti? Ne abbiamo comprato un altro pacco.

4. Ho regalato a mio fratello dei libri, ma mi ha detto che non gli ....

5. Ti .... lo spettacolo ieri sera? Io l'ho trovato interessante!

6. Non mi .... la festa di Ezio: c'era poca gente e non mi sono divertito per niente.

Pasta all'amatriciana

9 Rispondi come negli esempi: metti il pronome (diretto, indiretto, *ci* e *ne*) prima del modale nelle frasi dispari e dopo l'infinito nelle frasi pari. Vedi anche l'Approfondimento grammaticale a pag. 214.

• Vuoi assaggiare questo salame? • Sì, *lo voglio assaggiare.* / • Sì, *voglio assaggiarlo.*

1. • Potete dare questo libro a Lia? • No, ma .... a sua cugina.

2. • Devi scegliere un vestito da sera? • Sì, ... uno nero.

3. • Cosa vuoi dire a Giorgio? • .... che ha passato l'esame.

4. • Puoi aiutarmi con la ricerca di storia?
   • Mi dispiace, non ...., ho da fare.

5. • A che ora devi prendere il treno? • .... alle 18.

6. • Perché non vuoi invitare Laura? • Non .... perché mi è antipatica.

7. • Che documenti ci devi mandare per il viaggio? • .... la carta d'imbarco.

8. • Vuoi restare a Milano? • Certo che ....: è bellissima!

10 Completa i dialoghi con le espressioni date.

mi sembrano ◆ *mi presti* ◆ *mi pare giusto*
mi dai una mano ◆ *puoi farmi un favore*

● Tesoro, ... (1)? Preparo la pizza per la festa di Marta...

● La pizza? Perché la prepari tu se la festa è di Marta?

● Perché abbiamo deciso che ognuno porta qualcosa!

● Ah, ok, ... (2)!

● Valerio, ciao, sono io, Chiara.

● Ehi Chiara!

● Senti, ... (3) i tuoi appunti di geografia? Ho quelli di Lorenzo, ma non .... (4) completi...

● Certo, non c'è problema. Se vuoi, ci possiamo incontrare domani all'università.

● Ok! Ah, senti... .... (5)?

● Certo!

● Non dire niente a Lorenzo...

11 Completa il dialogo con le parole date.

intrattenimento ◆ *quiz televisivi* ◆ *documentario* ◆ *spettatori*
onda ◆ *fiction* ◆ *l'abbonamento* ◆ *puntate* ◆ *trasmissioni*

● Che fai? Guardi la TV?

● Sì, è per il corso di italiano: devo leggere la guida ai programmi tv... Ma non capisco molto...

● Dai, ti do una mano... Anche se da quando ho fatto .... (1) a *Timvision* non guardo più la tv... Vedo solo le .... (2) sportive... Comunque cos'è che non capisci?

● Beh, stasera, ad esempio, va in .... (3) *Le Iene*... Ma cos'è? Un documentario?

● Ahaha! No, è un programma di .... (4) molto intelligente!

● Ah! Poi... vediamo... su Canale 5 dice "Mike Bongiorno", ma non è un film, è una .... (5). Cioè?

● È una specie di serie tv, ma più breve, di solito sono solo due .... (6)... Anche questa vale la pena vederla: Mike Bongiorno è stato uno dei più grandi conduttori di .... (7) del ventesimo secolo e ha avuto una vita piena di avventure!

● Allora guardiamo questo stasera!

● Eh no, guarda, stasera c'è un .... (8) di Alberto Angela! Mostra sempre i posti più belli d'Italia e lo seguono milioni di .... (9)! Guardiamo questo! Accidenti! Altro che film in streaming... Alla fine la TV non è male!

12 Completa l'imperativo alla 2ª persona singolare e scopri le 8 regole per avere una vita sana.

1. Mangi...... molta frutta e verdura.

2. Bev...... almeno un litro e mezzo di acqua al giorno.

3. Dorm...... almeno otto ore al giorno.

4. Cerc...... di fare passeggiate nella natura.

5. Scegl...... uno sport da praticare.

Una mela al giorno toglie il medico di torno

6. Cammin...... almeno quaranta minuti al giorno.
7. Evit...... di fumare e bere alcolici.
8. Rid...... spesso, fa bene!

13 Completa le frasi con l'imperativo.

1. Piero, se vai alla posta, per favore, ... (spedire) questo pacco a mia madre!
2. Ragazzi, ... (entrare), vi aspettavamo!
3. Lavorate troppo! .... (Prendere) qualche giorno di ferie!
4. .... (Andare, noi) a fare un giro al mare!
5. Silvia e Maria, ... (guardare) questo video su YouTube, è veramente divertente!
6. Non possiamo stare sempre in casa, ... (uscire) un po'!
7. Roberto, questa sera .... (venire) a cena da noi!
8. Teresa, Giulio, ... (aspettare)! Vengo con voi.

Giochi

14 Completa le frasi con gli imperativi dati.

ascoltate spegnere prendiamo uscire abbiate aiutiamo

1. Non .... paura!
2. Non .... nessuno!
3. Mauro, non .... senza cappotto!
4. Giulio, per favore, non .... la TV!
5. Non .... l'auto! Andiamo in metro!
6. Ragazzi, non .... sempre questa musica!

15 Completa con l'imperativo dei verbi riflessivi.

1. Ragazzi, ... (ricordarsi) di comprare il pane!
2. Andate in vacanza? .... (Divertirsi)!
3. Devi lavorare tutto il giorno? Non .... (stancarsi) troppo!
4. Bambini, ... (lavarsi) i denti e andate a letto!
5. È tutto il giorno che stai in giro: .... (riposarsi) un po'!
6. Simona, guarda, c'è una sedia, ... (sedersi) lì.

16 Rispondi alle domande, come nell'esempio.

● Esco, devo comprare il caffè? ● Sì, *compralo*.

1. ● Quanti inviti spediamo?
   ● .... duecento.
2. ● Dove ti aspettiamo?
   ● .... al bar!
3. ● Dove posso lasciare la borsa?
   ● .... sul divano!

4. ● A che ora vi chiamo?
   ● .... alle nove!
5. ● Posso guardare questa trasmissione?
   ● Certo, ... pure!
6. ● Quanto latte compriamo?
   ● .... due litri!

17 Completa con l'imperativo e il pronome indiretto.

1. • Non so cosa mandare agli zii per Natale...
   • .... un biglietto di auguri e due vasetti di questo miele biologico.

2. • Cosa potete regalare a vostro figlio? Beh, ... una vacanza-studio!

3. • Cosa offriamo a Giacomo?
   • .... un aperitivo!

4. • Non so cosa comprare a mia moglie.
   • .... un bel mazzo di fiori!

5. • Vi telefono in ufficio?
   • No, ... a casa!

6. • Quando devo rispondere ai nostri clienti, oggi?
   • No, ... domani!

7. • Chi parlerà al direttore?
   • .... tu!

8. • Cosa portiamo a Ornella per la sua festa?
   • .... una torta!

18 L'oroscopo. Completa con la seconda persona plurale dell'imperativo, come nell'esempio in blu.

Dedicarsi ◆ riposarsi ◆ dimenticarsi ◆ Mettersi ◆ Avere ◆ prendersi
iscriversi ◆ Essere ◆ Calmarsi ◆ sentirsi ◆ fargli ◆ mandargli

♈ Lavorate troppo. Trovate un po' di tempo per voi e .... (1)!

♉ Avrete successo nel lavoro. .... (2) pazienza e tutto andrà bene!

♊ Su, dai! Non .... (3) tristi! Avete molti amici che vi vogliono bene.

♋ Presto sarà il compleanno di un vostro amico. Se volete vederlo contento, ... (4) un bel regalo!

♌ Vi sentite pieni di energia: .... (5) in palestra o a un corso di lingua!

♍ Se farete un viaggio, non .... (6) di condividere qualche foto con gli amici!

♎ I vostri amici aspettano vostre notizie: .... (7) un messaggio!

♏ Attenzione alla salute! *Dedicatevi* (8) allo sport e alle attività che vi rilassano!

♐ Vi inviteranno a una festa. .... (9) quel vestito che vi sta tanto bene!

♑ Siete un po' nervosi, cercate di essere più tranquilli, ... (10) o gli altri inizieranno a stancarsi di voi!

♒ Avete lavorato molto: .... (11) una vacanza!

♓ Passate un periodo difficile. La situazione cambierà, ... (12) positivi!

19 Completa con l'imperativo dei verbi irregolari.

1. Mario, ... (essere) gentile, cambia canale! Questa trasmissione è proprio noiosa!

2. Perché non parli? .... (Dire) qualcosa!

3. Quando guidi, ... (fare) attenzione ai motorini!

4. Piera, ... (stare) tranquilla: l'esame andrà benissimo.

5. Dai, Luca, ... (avere) pazienza! Finisce la pubblicità e comincia il film.

6. Luisa, ... (dire) ai bambini di non stare troppo al computer!

7. Matteo, per favore, ... (andare) in cucina e .... (dare) una mano a tuo fratello!

20 Completa le frasi, come nell'esempio. Vedi anche l'Approfondimento grammaticale a pag. 216.

Se non sei d'accordo, ____*dimmi*____ (dire a me) la verità!

1. Al supermercato ci sono andato io ieri, oggi _____ (andare al supermercato) tu!

2. Riccardo, per favore, _____ (dare al nonno) quel libro che è sul tavolo!

3. Vincenza, basta fare zapping, _____ (fare a me) vedere il talk show!

4. Filippo, _____ (stare a me) a sentire: non parlare sempre tu!

5. Paolo, _____ (dare a noi) una mano a finire questo lavoro.

6. Elda, su, _____ (dire a tua madre) che cosa hai!

21 Stasera Simone e Andrea andranno al cinema insieme. Completa il messaggio con le preposizioni (spazi **rossi**) e le espressioni date (spazi blu).

Simone! Sono contento .... **(1)** vederti questa sera! Allora... per arrivare a casa mia prendi l'autobus 60 .... **(2)** piazza Indipendenza e scendi .... **(3)**, in via Mazzini. Dopo .... **(4)** fino all'incrocio con Corso Europa e lì .... **(5)** in via Ponzi. Al numero 59, accanto .... **(6)** tabaccheria, c'è casa mia. Io esco .... **(7)** ufficio alle sette e sarò a casa verso le sette e mezza. Se arrivi prima .... **(8)** me, aspettami! Il cinema non è lontano e ci possiamo .... **(9)**. Ci vediamo dopo!

> andare a piedi
>
> va' dritto
>
> alla quarta fermata
>
> gira a destra

22 Streaming o TV classica? Completa il testo: scegli una delle alternative (A, B, C).

Il mercato italiano dell' ...... **(1)** è cambiato con l'arrivo di Netflix: da allora ...... **(2)** molte piattaforme, anche italiane, di TV *on demand* e la TV tradizionale ...... **(3)** dal 16 al 30% degli spettatori.
Questi dati parlano ...... **(4)** un cambiamento che non riguarda solo ...... **(5)** del pubblico: è vero che i giovani non ...... **(6)** più con i soliti programmi, ma anche ...... **(7)** più anziani, tra i 45 e i 65 anni, più interessati all' ...... **(8)**, hanno scoperto le meraviglie dell'o*n demand*. Ma che cosa ha fatto cambiare idea agli italiani? Innanzitutto i contenuti sono sempre disponibili, anche in "mobilità", cioè quando non ...... **(9)** a casa; poi online non c'è il fastidio della pubblicità; infine la tecnologia: internet è sempre più ...... **(10)**! Insomma, ... **(11)**: come abbiamo lasciato le cassette (...... **(12)** ricordate?!) per i CD e come il cinema ha preso il posto dell'Opera, così lasciamo la TV classica per lo streaming!

	A	B	C
1.	intrattenimento	moda	attualità
2.	nascevano	sono nate	nascono
3.	ha perso	ha vinto	ha corso
4.	a	per	di
5.	l'età	la paura	la cultura
6.	ci si diverte	si divertono	divertiranno
7.	i conduttori	gli spettatori	le trasmissioni
8.	documentari	storia	attualità
9.	si è	andiamo	sono
10.	utile	veloce	lento
11.	è difficile	è chiaro	bisogna
12.	ci	li	le

23 Completa con le preposizioni.

Tra una settimana finirò .... (1) lavorare e andrò .... (2) vacanza con la mia famiglia. Partiremo .... (3) il mare: andremo .... (4) un piccolo paese della Liguria. Come .... (5) solito, partiremo la mattina prima .... (6) sei, per non trovare traffico; poi, verso le otto ci fermeremo .... (7) fare colazione all'*Autogrill*. .... (8) una saremo arrivati, credo. Andremo subito .... (9) mangiare del pesce al ristorante , poi all'appartamento .... (10) lasciare tutte le nostre cose e poi, finalmente, andremo .... (11) fare il bagno! Non vedo l'ora!

24 a Ascolta il dialogo e indica le affermazioni presenti.

1. ☐ La ragazza chiede all'insegnante alcune riviste in prestito.
2. ☐ La ragazza chiede dei consigli su cosa leggere.
3. ☐ L'insegnante trova l'idea ottima.
4. ☐ Il professore lavora per un settimanale.
5. ☐ Secondo l'insegnante, la ragazza non riuscirà a capire tutto.
6. ☐ L'insegnante le consiglia solo riviste che parlano di politica.

b Ascolta di nuovo il dialogo. Di che cosa parlano le riviste? Fai l'abbinamento come negli esempi in blu. Attenzione: alcuni contenuti vanno bene per più riviste.

Contenuti

a. attualità, TV
b. moda, costume, attualità
c. attualità, politica, economia
d. gossip, personaggi famosi, attualità

7 *b*

4 ☐

8 ☐

1 ☐

5 ☐

9 ☐

2 ☐

6 ☐

10 ☐

3 *c*

A Completa con i pronomi indiretti.

Fabrizio oggi ha litigato con la sua migliore amica, Stefania, e questo .... (1) dispiace moltissimo. Quando torna a casa, sua madre non .... (2) chiede niente, anche se lo vede triste. Fabrizio si siede sul divano e legge una rivista che .... (3) ha prestato Mauro. Tra le lettere alla direttrice, una gli sembra interessante: un ragazzo .... (4) scrive che ha litigato con alcuni amici perché .... (5) aveva raccontato delle cose non vere... Proprio quello che aveva fatto lui a Stefania: non .... (6) aveva detto la verità! Allora prende il cellulare per telefonar.............. (7) e trova un messaggio di Stefania che .... (8) chiede di uscire!

B Scegli l'alternativa corretta.

1. Signora Minni, ho deciso di .... (1) perché non ho ricevuto nessuna risposta all'email che .... (2).

   (1) a. telefonarti
        b. telefonarLe
        c. telefonarci

   (2) a. aveva inviatoLe
        b. Le avevo inviato
        c. La aveva inviato

2. Il film che abbiamo visto .... (1) tanto, ma .... (2) di avere un libro con una trama simile.

   (1) a. mi è piaciuto
        b. mi è piaciuta
        c. ci siamo piaciuti

   (2) a. ti sembrava
        b. gli è sembrato
        c. mi sembra

3. Ragazzi, ... (1) una mano, per favore? .... (2) giusto ridere e scherzare mentre io lavoro?

   (1) a. possono dare
        b. ti possiamo dare
        c. potete darmi

   (2) a. Vi pare
        b. Ti pare
        c. Si pare

4. Luisa, hai visto ieri la prima .... (1) del nuovo .... (2) della domenica? Cosa ne pensi?

   (1) a. puntata
        b. rete
        c. serie

   (2) a. telegiornale
        b. programma
        c. telecomando

5. Teresa, ... (1) sempre sui social, ... (2) il libro che .... (3) ho regalato.

   (1) a. non stai
        b. non state
        c. non stare

   (2) a. legge
        b. leggi
        c. leggere

   (3) a. le
        b. ti
        c. ci

6. • Vado al supermercato, devo comprare della frutta?
   • No, ... (1), ... (2) prima quella che abbiamo!

   (1) a. non la prendere
        b. non li prendi
        c. non prenderlo

   (2) a. finiamone
        b. finiamo
        c. finiamole

7. ...... (1) la verità, ... (2) nel dubbio.

(1) a. Dimmi   (2) a. non mi lascia
       b. Dire   b. non mi lasci
       c. Non dirmi   c. non lasciarmi

8. ...... (1) come vuoi, io ti consiglio di prendere ...... (2).

(1) a. Facci   (2) a. sempre dritto
       b. Fa'   b. al primo incrocio
       c. Fatti   c. la prima a destra

9. Gabriele ci ...... (1) il suo telecomando, ma non funziona con il nostro ...... (2).

(1) a. ha prestata   (2) a. programma
       b. ha prestato   b. conduttore
       c. ha prestati   c. televisore

C Risolvi il cruciverba.

Orizzontali

5. Quello di *Nuovissimo Progetto italiano* si chiama "Lo so io".
6. Lo guardiamo per sapere cosa succede in Italia e nel mondo.
7. Sinonimo di rete televisiva.
8. Genere televisivo che basa la storia su fatti e personaggi reali o di fantasia.

Verticali

1. Sinonimo di programma televisivo.
2. Le persone che seguono un programma alla televisione.
3. Serve a fare zapping.
4. Sono molto famosi quelli di Alberto Angela sui luoghi più belli d'Italia.

Risposte giuste: .... /35

Giochi

A ritmo di musica

Unità 11

1 Scegli l'alternativa corretta.

1. Comprerei/Compreremmo anche noi un biglietto per il concerto, ma è troppo caro.

2. Ti accompagnerei/accompagnereste volentieri, ma veramente non posso.

3. Chi crederesti/crederebbe mai alla sua storia? Non dice mai la verità!

4. Secondo te, questa canzone potresti/potrebbe diventare un successo?

5. Friggeremmo/Friggereste le patate, ma abbiamo finito l'olio.

6. Silvia mi metterei/si metterebbe il vestito giallo per la laurea, ma è troppo corto!

7. Lo so: vi fermereste/si fermerebbero ancora qualche giorno, ma per voi le vacanze sono finite.

8. Signora, Le dispiacerebbe/dispiacereste lasciare aperta la porta?

2 Completa le frasi con i verbi dati.

*grattugeresti ♦ suonereste ♦ guardereste ♦ ti divertiresti ♦ mi pettinerei
accompagnerebbe ♦ comprerebbe ♦ preferirebbero*

1. .... un film stasera? All'*Ariston* il martedì il biglietto costa 5 euro.

2. Ragazzi, ... questa canzone alla festa della scuola?

3. Per loro è difficile trovare parcheggio in centro: .... venire in autobus.

4. Tesoro, ... le carote per l'insalata?

5. .... come quel cantante famoso, ma ho i capelli troppo corti.

6. Perché non vuoi venire alla festa di Sonia? .... un sacco!

7. Signora Maria, va in farmacia? .... le medicine anche per me?

8. Michele ci ...., ma ha una macchina a due posti!

3 Completa con i verbi al condizionale.

1. Vi .... (proporre, io) di ascoltare un vecchio successo della Pausini.

2. .... (Preferire, noi) ascoltare le nuove tendenze musicali italiane.

3. .... (Dovere, loro) controllare di più i social media!

4. Al tuo posto, non .... (sapere, io) proprio cosa fare.

5. Ragazzi, non .... (avere) voglia di fare una passeggiata?

6. In queste foto siamo sempre poco naturali... Ne .... (volere) una spontanea.

7. Enrico e Nicol .... (essere) felici di ospitarci nella loro villa al mare.

4 Completa con le forme del condizionale. Nella colonna viola troverai il nome dell'artista romano nella foto.

1. *rimanere*, 1ª persona singolare
2. *dare*, 3ª persona plurale
3. *andare*, 2ª persona sing.
4. *mangiare*, 1ª persona sing.
5. *essere*, 1ª persona plur.
6. *venire*, 2ª persona plur.
7. *vivere*, 2ª persona plur.
8. *cucinare*, 1ª persona sing.
9. *potere*, 2ª persona sing.

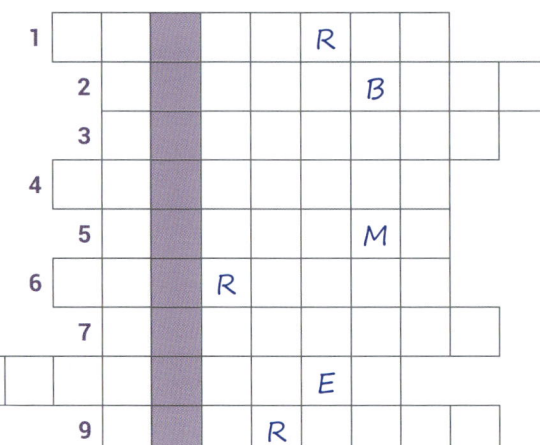

5 Completa le frasi con il condizionale dei verbi. Attenzione: ci sono 2 verbi in più!

preferire ◆ bere ◆ tradurre ◆ ricordarsi ◆ andare ◆ tornare
venire ◆ cadere ◆ prendere ◆ stare ◆ essere

1. .... tu questo articolo? Io proprio non ho tempo...
2. No, sono sicura, non l'ho mai incontrato... .... un ragazzo così carino!
3. Chiara non si sente bene e dice che .... volentieri a casa oggi.
4. .... felice di rivedere il tuo ragazzo? Al posto tuo, ... subito un treno per andare da lui!
5. Clizia .... un bicchiere di vino, ma deve guidare.
6. Mia madre .... volentieri in vacanza a Lisbona, ma mio padre non è d'accordo!
7. Sara .... a trovarci a Palermo, ma non ha molti giorni di ferie.
8. Ma che dite?! .... davvero vivere in una grande città? In mezzo allo smog? Nooo!

6 Qual è la funzione di queste frasi? Fai l'abbinamento e poi sottolinea i verbi al condizionale. Attenzione: ci sono 2 frasi in più.

1. Farei volentieri un viaggio.
2. Mi passeresti il sale?
3. Chiederò una mano a Luca.
4. Dovresti provare le penne "Antonio"! Buonissime!
5. Accompagnami al mare!
6. Faresti bene a prendere lezioni di matematica!
7. Ti dispiacerebbe portare Marta a tennis?

a Chiedere qualcosa in modo gentile

b Esprimere un desiderio

c Dare un consiglio

7 Fai l'abbinamento e completa i desideri con il condizionale dei verbi alla prima persona singolare.

a. .... tutto il pomeriggio!

b. Non .... più a casa!

c. .... conoscere il mio giocatore preferito...

d. .... in tutto il mondo!

e. Non .... più di giocare!

f. .... una torta intera!

> leggere
> volere
> mangiare
> smettere
> tornare
> viaggiare

8 Fai le domande in modo gentile, come nell'esempio.

Non mi sento bene. (accompagnare me, dottore) ➡ *Mi accompagneresti dal dottore?*

1. Aspetto un pacco molto importante. (chiamare me, quando arrivare)
   Signora Maria, ...?

2. Questo caffè è troppo amaro. (passare a me, zucchero)
   Massimo, ...?

3. Devo studiare. (spegnere radio)
   Sofia, ...?

4. Non capisco questa parola. (prestare a me, tuo dizionario)
   Anna, ...?

5. Telefono a casa di Lia. (potere parlare, Lia, per favore)
   Buongiorno, ...?

6. Non conosco bene la città. (sapere dove essere Duomo)
   Buongiorno, ...?

Duomo, Orvieto

9 Completa i consigli (a-f) con il condizionale dei verbi e abbinali alle frasi (1-6), come nell'esempio.

1. Siamo appassionati di chitarra. *(c)*
2. Abbiamo un esame difficilissimo.
3. Ho litigato con la mia ragazza.
4. Ho molto freddo!
5. Non sto bene, ho 38 di febbre.
6. Alba mi ha invitato al cinema, ma non ho voglia di uscire.

a. .... (Dovere) metterti un maglione pesante.

b. Al posto tuo, le .... (proporre) di vedere un film a casa.

c. .....*Potreste*..... (Potere) prendere lezioni.

d. .... (Fare) bene a chiederle scusa.

e. Un'idea .... (essere) iniziare subito a studiare. Cosa ne dite?

f. Io, al posto tuo, ... (bere) un tè caldo e .... (andare) a dormire.

10 Leggi i titoli dei giornali e riporta le notizie, come nell'esempio in blu.

1 L'ATTORE ARRIVERÀ AL FESTIVAL DOMANI.

2 MARATONA: CI SARÀ PIÙ TRAFFICO NEL WEEK-END

3 IL MINISTRO SPOSERÀ LA SUA COMPAGNA

4 FINISCONO I BIGLIETTI PER IL CONCERTO DI FEDEZ!

5 Laura girerà il suo prossimo video al Colosseo!

Secondo la stampa...

1. *l'attore arriverebbe al Festival domani.*

2. .... nel week-end a causa della maratona.

3. .... ad aprile.

4. .... per il concerto di Fedez.

5. la famosa cantante ....!

11 La vacanza ideale. Completa il testo con il condizionale semplice dei verbi.

Qual è la migliore vacanza per te? Dipende dal lavoro che fai!

Secondo uno studio dell'associazione EURODAP, ogni lavoro .... (1. avere) la sua vacanza ideale. Infatti, da momento di relax e riposo, se non scegliamo quella giusta per noi, la vacanza .... (2. potere) diventare molto stressante! Vediamo qualche suggerimento.

Un manager, ad esempio, ... (3. dovere) passare l'estate su una spiaggia poco frequentata; l'ideale per l'impiegato, invece, ... (4. essere) divertirsi in un villaggio che propone molte attività diverse. Perché? In questo modo il manager .... (5. scegliere) liberamente cosa fare, senza pensare a cosa .... (6. dovere) fare gli altri; le attività del villaggio turistico, invece, ... (7. offrire) occasioni per conoscere nuovi amici e provare nuovi sport a chi, durante l'anno, fa una vita un po' noiosa.

E per commessi e casalinghe? I primi .... (8. stare) meglio nella natura, lontano dai saldi di fine stagione; per le seconde .... (9. consigliare, loro) un albergo all inclusive, magari con la SPA!

adattato da *www.lastampa.it*

12 Fai l'abbinamento.

1. Avrebbero partecipato al programma,
2. I ragazzi sarebbero venuti alla partita,
3. Carlo avrebbe visitato il museo,
4. Enrico si sarebbe trasferito in Canada,
5. Lo so, avreste fatto un altro giro,
6. È vero, mi ricordo: avresti comprato quello zaino,

a. ma non ha trovato lavoro.
b. ma eri rimasto senza soldi.
c. ma non hanno trovato biglietti.
d. ma il lunedì è chiuso.
e. ma non li hanno presi.
f. ma non avevate tempo.

13 Abbina le frasi alle foto e poi completale con il condizionale composto.

a. .... (fare, loro) il bagno, ma il tempo era brutto!

b. .... (parcheggiare, loro) meglio, ma avevano fretta.

c. .... (festeggiare) con tanti amici, ma sono rimasto in ufficio fino a tardi.

d. L' .... (mangiare), ma era a dieta.

e. Non .... (fermarsi), ma mi faceva male il ginocchio.

f. .... (arrivare, voi) in orario, ma c'era troppo traffico!

g. .... (preferire, io) un regalo diverso...

14 Rispondi alle domande usando il condizionale composto del verbo in blu.

1. • Hai avuto paura in moto? • Ne ...., ma Federico andava piano.

2. • Alla fine, l'hai comprato il vestito? • L'...................................., ma non ho soldi.

3. • Perché non hai spento il computer? • L'...................................., ma aspettavo un'email.

4. • Perché non hai invitato Silvia a ballare? • L'...................................., ma non so ballare.

5. • Alla fine andrete in Sardegna? • Ci ...., ma c'è lo sciopero delle navi.

15 Completa con il condizionale composto.

1. Domenica .... (volere) uscire, ma ho dovuto pulire il balcone.
2. .... (Vedere) volentieri la partita, ma ci siamo addormentati sul divano.
3. Al cinema .... (venire) anche mia sorella, ma aveva già visto questo film.
4. Mi .... (piacere) andare ad Amsterdam con gli zii.
5. Vi .... (aspettare), ma era già molto tardi e siamo andati via.
6. Le ragazze .... (cucinare) volentieri, ma non hanno avuto tempo.
7. Buona la torta, no? Lo so: ne .... (mangiare) volentieri un'altra fetta!
8. Secondo i giornali, il ladro .... (entrare) dalla finestra del bagno.

16 Quale condizionale? Scegli il tempo adeguato.

1. È un periodo stressante, sono così stanco che vorrei/sarei voluto partire subito per le vacanze.
2. Secondo te, sarebbe/sarebbe stata questa la canzone più bella del momento?
3. Mi piacerebbe/Mi sarebbe piaciuto vedere il film della Comencini, ma non lo davano più al cinema.
4. L'altro ieri dovrei/sarei dovuta andare a un incontro di lavoro importante.
5. Mi date una mano? Con il vostro aiuto finirei/avrei finito prima.
6. Io prenderei/avrei preso un altro gelato. Lo volete anche voi?

17 Rispondi alle domande con il condizionale semplice o composto, come nell'esempio.

- Perché non hai comprato il libro di Camilleri?
- *L'avrei comprato, ma non l'ho trovato* (non trovare).

1. • Come mai siete andati via così tardi?
   • .... (prima, divertirsi molto)!
2. • Alla fine, hai incontrato Tiziana a Milano?
   • .... (lei essere molto occupata).
3. • Hai guardato il nuovo programma della Rai ieri sera?
   • ....
   (non accendersi TV).
4. • Inviterai Ermanno alla tua laurea?
   • ....
   (noi avere litigato).
5. • Vendrinelli giocherà la partita di domani?
   • ....
   (farsi male).
6. • Quando devi girare il video per il tuo blog di cucina?
   • ....
   (oggi pomeriggio).

18 Da futuro a futuro nel passato. Completa le frasi come nell'esempio.

So che Daniela lo farà. → Sapevo che Daniela *l'avrebbe fatto*, mi fido di lei.

1. Sono certo che realizzerai il tuo sogno!
   Ero certo che .... il tuo sogno!
2. So che vi dimenticherete di chiamarci!
   Sapevo che .... di chiamarci!
3. Chissà se lo rivedrò!
   Mi chiedevo se ....
4. Sono sicura che da grandi diventeranno medici!
   Ero sicura che i miei figli .... medici!
5. Le ragazze arriveranno in ritardo, come al solito.
   Sapevo che le ragazze .... in ritardo, ma non dopo tre ore!
6. Sono certo che Alfonso mi darà una mano con la ricerca!
   Uffa! Credevo che Alfonso mi .... una mano...

19 Completa le frasi con il condizionale composto dei verbi dati.

iniziare ◆ *farsi* ◆ *sposarsi* ◆ *mandare (loro)*
arrivare (voi) ◆ *andare* ◆ *venire* ◆ *chiedere*

1. Vi avevo promesso che .... in gita, ma purtroppo oggi devo lavorare.
2. Te l'avevo detto che con la metro .... prima!
3. Abbiamo deciso che .... un anno fa.
4. Il nuovo reality .... a luglio, ma ci sono stati problemi con i protagonisti.
5. La sposa non ha riconosciuto subito lo sposo: non sapeva che .... la barba per il matrimonio! Che ridere!
6. Non sapevo che .... anche tu stasera... ti .... di accompagnarmi!
7. Ho sentito che .... in onda il concerto del Primo Maggio su Rai3.

20 Completa il testo: negli spazi rossi metti le preposizioni, negli spazi blu le parole date.

gruppi ◆ *spettacolo* ◆ *televisione* ◆ *attualità* ◆ *microfono* ◆ *cantante*

.... (1) 1990 nel giorno della Festa dei Lavoratori si svolge .... (2) Roma, ... (3) piazza San Giovanni, il Concerto del Primo Maggio. .... (4) evento partecipano molti .... (5) italiani della scena musicale indipendente e qualche .... (6) internazionale. Ogni artista canta tre o quattro delle sue canzoni più famose e poi lascia il .... (7) al successivo. Il "Concertone" del primo maggio non è solo un concerto dove ascoltare i propri cantanti preferiti, ma è un'occasione per parlare .... (8) temi di .... (9): la pace, il terrorismo, i diritti umani e i diritti dei lavoratori. La .... (10) manda in onda tutto lo .... (11), dalle due del pomeriggio alle undici .... (12) sera.

adattato da *www.regioni-italiane.com*

21 Indicativo o condizionale? Scegli l'alternativa giusta.

1. Vorrei/Ho voluto scrivere un'email a Franco, ma non ho mai tempo.

2. Ti avrei invitato/avevo invitato da me, ma ho appena cambiato casa ed è tutto sottosopra!

3. Piero non ha dovuto/avrebbe dovuto lavorare tanto ieri sera: si è svegliato con il mal di testa.

4. Ero sicura che Marta sarebbe rimasta/rimarrà a cena! Ho fatto il tiramisù!

5. Siamo andati/Saremmo andati a vedere lo spettacolo di Maurizio Crozza. Davvero divertente!

6. Tania, faresti/facevi un caffè, per favore?

7. Da piccoli ci piacerebbe/ci piaceva nuotare.

22 Scegli la frase adatta e completa i dialoghi con il condizionale composto. Attenzione ai pronomi!

piacerti i primi ✦ *rimanerci un'altra settimana*
metterla lo stesso ✦ *prendere il treno* ✦ *sapere cosa rispondere*

1. ● Quando arriva Teresa?
   ● Tra poco, credo. Ha detto che .... delle sette.

2. ● Non ho messo la camicia gialla perché non è abbastanza elegante.
   ● Io, al posto tuo, ...!

3. ● Quella domanda era molto difficile.
   ● È vero, io non ....

4. ● Come è andata ieri sera la cena al ristorante?
   ● Bene! ....! La prossima volta ci andiamo insieme.

5. ● Come ti sei trovata a Roma?
   ● Benissimo, Roma è una città bellissima. Io ....!

23 Il labirinto. Per uscire segui solo i verbi al condizionale.

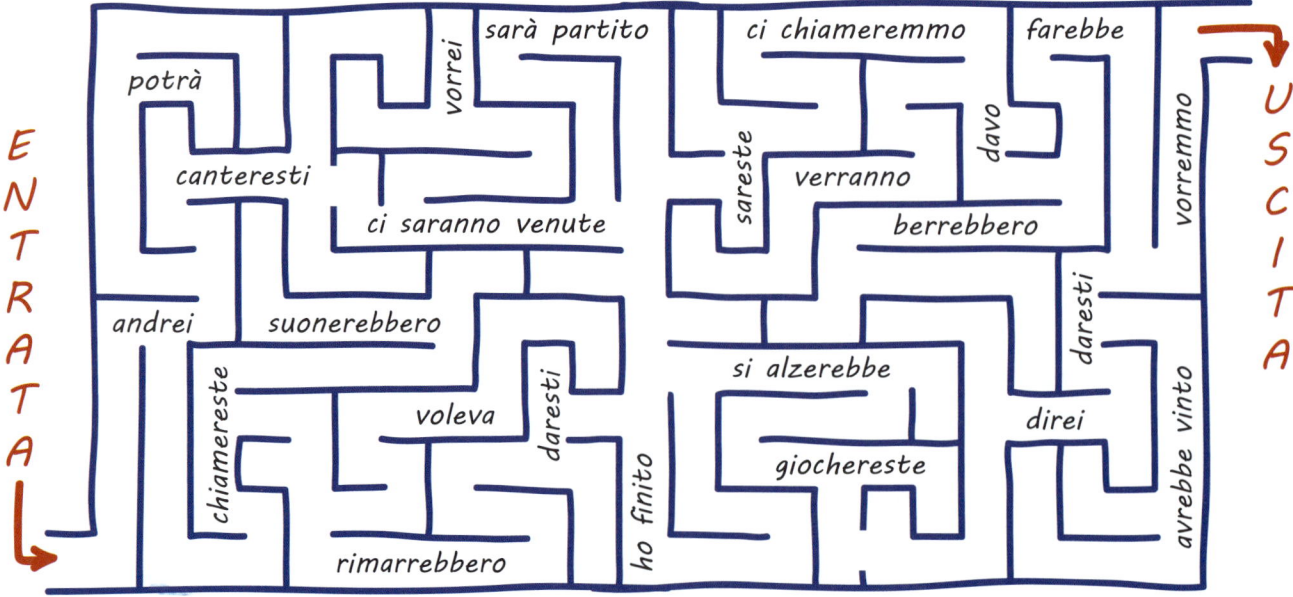

24 Completa l'email con il condizionale semplice o composto.

Caro Giovanni,

.... (1. volere, io) salutarti meglio prima della tua partenza! ....
(2. Potere, tu) iniziare una settimana dopo, no? Così .... (3. avere, tu) più tempo
per prepararti... Ho sempre pensato che per te .... (4. arrivare) un'occasione
così! Complimenti! Certo che il Canada è lontano! Non tutti al posto tuo ....
(5. accettare) un lavoro lì! Mi .... (6. piacere) venire a trovarti, magari in primavera!
Che ne dici? .... (7. Essere) bellissimo! .... (8. Potere, tu)
prendere dei giorni di vacanza e .... (9. visitare) insieme il Paese!
Che cosa ne pensi? Intanto buon viaggio e buon inizio!

Un abbraccio, Valeria

25 Lavori originali. Completa il testo con il condizionale semplice.

Indeed, sito numero uno al mondo per chi cerca e offre lavoro, ha fatto la
classifica dei 10 lavori più originali di questo mese.
Secondo il sito, al primo posto .... (1. esserci) il manager
di ciclovia, cioè di una strada per biciclette; .... (2. seguire)
un altro lavoro particolare: insegnante di *manga*, il fumetto giapponese. A
Villanova, in Friuli, poi, ... (3. cercare, loro) guide turistiche
per la famosa grotta; mentre a Firenze .... (4. trovare)
lavoro gli orologiai, cioè chi sa fare gli orologi.
Nella classifica non .... (5. mancare) i lavori "evergreen"
come barbiere, cioè chi taglia la barba e i capelli agli uomini, e barista, ma
.... (6. trovare, noi) anche gli artisti: ....
(7. cercare, loro), infatti, "Houdini artist"... .... (8. volere,
voi) sapere cosa sono, eh?
.... (9. Dovere, noi) chiederlo a loro, ma è impossibile trovarli!

Grotta di Villanova

26 a Ascolta e scegli l'alternativa corretta.

1. All'inizio la figlia ascolta musica
   a. alla radio | b. con le cuffie | c. alla TV
2. Per il padre, la figlia ascolta canzoni che
   a. hanno melodia | b. sono brutte | c. sono
   tutte uguali
3. Le canzoni che piacciono al padre, alla figlia
   a. piacciono | b. non piacciono per niente
   c. non ricordano nulla
4. Di Vasco Rossi alla figlia piacciono
   a. i versi | b. il ritmo | c. i versi e la musica
5. Padre e figlia ballavano assieme
   a. *Vita spericolata* | b. *Vedo nero*
   c. *Guerriero*

b Ascolta di nuovo e completa la scheda.

ARTISTA		CANZONE
.... (1)	→	.... (2) *Vita spericolata*
Ligabue	→	*Piccola stella senza cielo* .... (3)
883	→	.... (4)
Lucio Battisti	→	.... (5)
.... (6)	→	*Vedo nero*
Mengoni	→	.... (7)

A Completa con il condizionale semplice e composto.

Secondo una ricerca, le vendite dei CD .... (1. continuare) a calare. Infatti, ... (2. essere) molte di più le persone che .... (3. cercare) le canzoni dei loro cantanti preferiti su YouTube o che .... (4. fare) abbonamenti a servizi di musica online. Se in passato la causa .... (5. poter essere) l'alto costo dei CD, da diversi anni non è più così. Infatti, le persone .... (6. ascoltare) musica in streaming soprattutto per altri due motivi: il supporto e la mobilità. Ormai la cosa più importante .... (7. sembrare) essere la possibilità di ascoltare la musica ovunque. Ma c'è anche un altro motivo: non possiamo più rinunciare all'abitudine di commentare le canzoni e condividerle sui social media.

B Scegli l'alternativa corretta.

1. • ...... (1) venire al cinema stasera?
   • Preferirei un'altra volta, oggi sono molto stanco e ...... (2) in sala.
(1)	a. Ti piacerebbe	(2)	a. si addormenterebbero
	b. Andresti a		b. mi addormenterebbe
	c. Sarebbe bello		c. mi addormenterei

2. • ...... (1) più tardi? Sono in ufficio
   • Certo! Va bene alle 8? Oppure ...... (2) più tardi?
(1)	a. Ci vorremmo telefonare	(2)	a. preferiresti
	b. Potresti telefonarmi		b. preferirei
	c. Dovresti telefonarmi		c. avrei preferito

3. • Luca, ... (1) un po' di ginnastica... Un'altra idea ...... (2) andare in piscina. Cosa ne pensi?
(1)	a. farei	(2)	a. sarebbe
	b. faresti		b. avrebbe
	c. dovresti fare		c. potrebbe

4. Secondo la stampa, il ministro ...... (1) un viaggio all'estero dove ...... (2) un collega americano.
(1)	a. avrebbe fatto	(2)	a. sarebbe incontrato
	b. sarebbe fatto		b. avrebbe incontrato
	c. farebbe		c. incontrerebbero

5. Roberto, stamattina dal supermercato ...... (1) il caffè, ma l'ho dimenticato. ...... (2) tu a comprarlo?
(1)	a. comprerei	(2)	a. Potrebbe passare
	b. l'avrei comprato		b. Passeresti
	c. avrei dovuto comprare		c. Saresti potuto passare

6. E chi ...... (1) i computer all'università? Luigi?! No! Come ...... (2)? È stato tutto il giorno con Nina, la sua ragazza...
(1)	a. ruberebbe	(2)	a. sarebbe fatto
	b. avrebbe rubato		b. avrebbe fatto
	c. ruberebbero		c. farebbe

7. ...... (1) a prendere, ma quando ...... (2) in ufficio mi hanno detto che eri già uscito.

(1)	a. Ti passerei	(2)	a. avrei telefonato
	b. Ti sarei passato		b. telefonerei
	c. Ti vorresti passare		c. ho telefonato

8. ...... (1) andare in Cina l'anno prossimo! Sono sicuro che ...... (2) il tempo a mangiare e a fare foto!

(1)	a. Sarà stato bello	(2)	a. avrò passato
	b. Sarebbe bello		b. avrei passato
	c. È stato bello		c. passerei

9. L'ideale ...... (1) andare in Sud America a Natale: mentre qui fa freddo lì ...... (2) 25 gradi!

(1)	a. sarebbe	(2)	a. dovrebbero esserli
	b. è stato		b. ci dovrebbero essere
	c. sarà		c. ci sono stati

10. • Papà, mi avevi promesso che ...... (1) la bicicletta nuova. Ma quando andiamo al negozio?
    • Sì, hai ragione! Che ...... (2) di andarci domani?

(1)	a. mi compreresti	(2)	a. si direbbe
	b. dovresti comprarmi		b. ne diresti
	c. mi avresti comprato		c. ci diresti

C Risolvi il cruciverba.

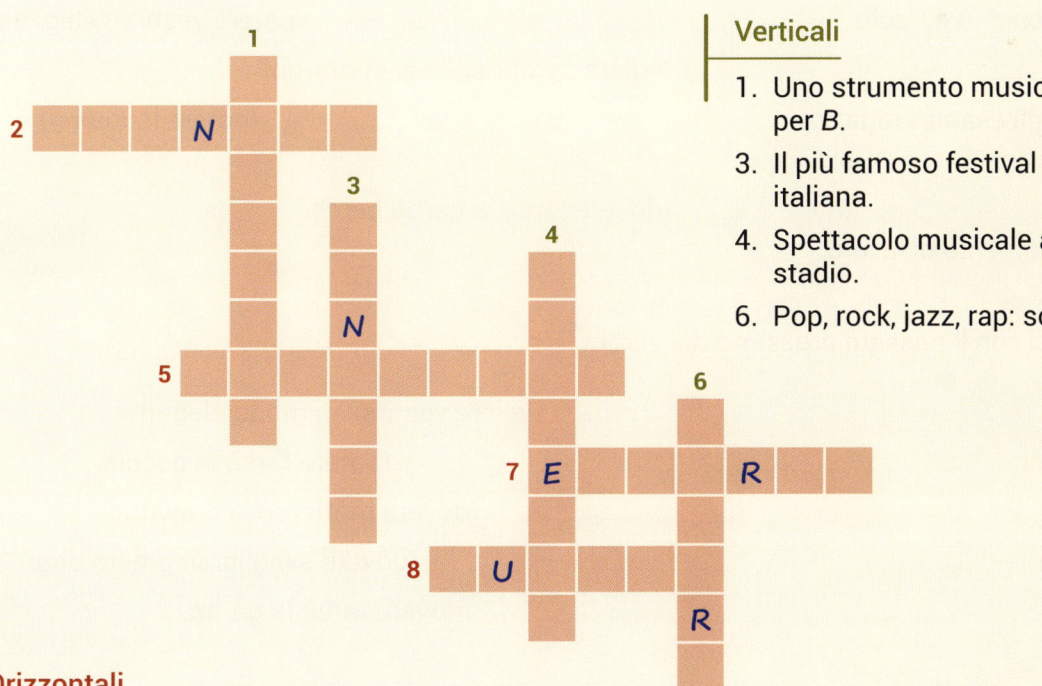

Verticali

1. Uno strumento musicale che comincia per *B*.
3. Il più famoso festival di musica leggera italiana.
4. Spettacolo musicale a teatro o allo stadio.
6. Pop, rock, jazz, rap: sono ... musicali.

Orizzontali

2. Il verbo degli strumenti musicali.
5. Lo usiamo per far sentire meglio la voce.
7. Una persona che sa molte cose su un argomento.
8. Chi scrive testi: libri, canzoni...

Risposte giuste: .... /35

Giochi

Tutti gli esercizi sono disponibili
in formato interattivo su www.i-d-e-e.it

4° test di ricapitolazione

Quaderno degli esercizi

A Completa con la forma giusta dei verbi dati. Attenzione al tempo del verbo!

1. Quando .... (conoscersi) tu e tuo marito?

2. Signorina, ... (trovarsi) bene a Matera? Le piace stare qui?

3. Che cosa hai? .... (Sentirsi) male?

4. Domani .... (alzarsi) presto anche se non lavoro.

5. Dottoressa, se .... (coprirsi) bene, non avrà freddo.

6. .... (Annoiarsi) quando non abbiamo niente da fare.

7. Paolo e Mario studiavano insieme e .... (aiutarsi) molto.

8. Saremmo andati allo spettacolo delle dieci e mezzo, ma i ragazzi
.... (addormentarsi) sul divano. .... /8

B Completa le frasi con il presente dei verbi dati.

1. Quando vado a lezione, ... (dovere svegliarsi) alle 6.

2. Per il matrimonio tu e Paolo .... (potere vestirsi) eleganti?

3. .... (volere sbrigarsi)? Sei in ritardo!

4. Se finiscono gli esami, i ragazzi .... (potere laurearsi) a
maggio.

5. .... (dovere farsi) la barba perché
ho un appuntamento di lavoro. .... /5

C Completa le frasi con il passato prossimo dei verbi.

1. Eva .... (volere vestirsi) in modo elegante.

2. Le ragazze non .... (potere farsi) la doccia.

3. I ragazzi .... (dovere mettersi) la cravatta!

4. Lucia, perché .... (dovere svegliarsi) presto oggi?

5. Io e Luca .... (dovere farsi) la barba. .... /5

D Completa con l'imperativo.

1. Ragazzi, ... (mettere) in ordine la vostra camera!

2. Se mi vuoi aiutare, ... (prendere) una penna e .... (scrivere)!

3. Signori, ... (entrare), vi prego!

4. Per favore, quando esci, ... (chiudere) la porta e .... (spegnere) il pc!

5. Marcella, non .... (bere) altro caffè, ... (bere) un'aranciata.

6. Antonio, ti prego, non .... (mangiare) troppo la sera!

7. Bambini, non .... (fare) arrabbiare la zia!

.... /10

E Rispondi alle domande usando i pronomi indiretti.

1. • Cosa ha portato il cameriere a quel signore?
   • .... il tiramisù.

2. • Perché non mi rispondi all'email?
   • Non .... perché non ho tempo!

3. • Che cosa vi hanno portato i vostri amici dalla Spagna?
   • .... una maglietta!

4. • Ti hanno telefonato per partecipare al talent show?
   • No, non ancora: .... sicuramente la settimana prossima!

5. • Andrea, puoi dare una mano a tua madre?
   • No, non .... dare una mano perché devo studiare.

6. • Hai telefonato a Vincenzo?
   • .... tre volte, ma non risponde.

.... /6

F Completa le frasi con la forma impersonale dei verbi dati.

1. La prima domenica del mese .... (entrare) gratis nei musei.

2. Quando si fa tardi la sera, ... (dormire) male.

3. Al ristorante "Il balcone fiorito" .... (mangiare) molto bene!

4. Qualche volta, quando si ha fretta, ... (vestirsi) male.

5. Se .... (divertirsi), il tempo passa in fretta!

.... /5

G Quale condizionale? Scegli il tempo adeguato.

1. Partirei/Sarei partito subito per le vacanze, ma non ho finito di scrivere il libro.

2. Secondo te, sarebbe/sarebbe stata questa la rivista più letta in Italia in questo momento?

3. Mi piacerebbe/Mi sarebbe piaciuto mangiare un'altra fetta della sua torta... ma ero a dieta!

4. Mi aiuteresti/Mi avresti aiutato a fare le pulizie? La mamma arriva alle 3 e sono quasi le 2!

5. L'altro giorno andrei/sarei andata a bere il caffè con Greta, ma lei non poteva.

6. Dareste/Avreste dato una mano alla nonna? Se la aiuterete, vi farà una torta!

.... /6

Risposte giuste: .... /45

Test generale finale

A Leggi le frasi, guarda le immagini e fai l'abbinamento. Attenzione: ci sono 3 immagini in più.

1. Il segreto per stare bene ed essere felici? Fare sport!

2. Migliaia di canali e tanti contenuti nuovi. Per vedere la TV non serve più il televisore!

3. I locali più romantici ed eleganti di Milano per la cena di San Valentino con il tuo ragazzo!

4. Aperta la nuova linea della metro! Finalmente sarà possibile arrivare in centro senza prendere la macchina!

5. Basta fare la fila alla posta e in banca! Ai tuoi documenti ci pensiamo noi!

 a ☐
 b ☐
 c ☐
 d ☐
 e ☐
 f ☐
 g ☐
 h ☐

.... /5

B Abbina domande e risposte. Attenzione: ci sono 4 risposte in più.

1. Posso offrirti un caffè?
2. Dov'è Lucia?
3. Perché non siete venuti a lezione?
4. Bella la tua borsa!
5. Matteo, quando finirai gli esami?
6. Mi scusi, per andare in centro?
7. Hai comprato il latte?
8. Sei straniera?

a. Mi dispiace, era chiuso.
b. Se tutto va bene, a marzo.
c. Siamo dovuti andare dal dottore.
d. No! L'ho dimenticato! Accidenti!
e. Deve andare sempre dritto.
f. Ti piace? L'ho presa in un negozio in centro!
g. Mah, starà dormendo!
h. Sì, sono francese. E tu?
i. L'autobus numero 40 è in ritardo.
j. Grazie, ma ne ho già preso uno.
k. Sì, vivo in via Panfili.
l. Sì, c'era anche di cotone!

.... /8

C Leggi il testo e rispondi alle domande. Non è necessario capire ogni parola.

Famiglie a Villa Borghese

Questo itinerario ci porta alla scoperta di una grande area verde ideale per tutta la famiglia: Villa Borghese. Situata nella parte nord di Roma, la villa accoglie ogni giorno un numero enorme di romani e turisti grazie alla presenza di attrazioni diversificate che soddisfano i gusti di tutti. Per rendere la visita alla villa più piacevole e per godere a pieno di tutte le attrazioni presenti, vi consigliamo di programmare in anticipo le giornate e di affittare delle biciclette per gli spostamenti interni.

Come prima tappa, probabilmente più amata dai genitori che dai figli, sceglieremmo la splendida Galleria Borghese. La Galleria ospita una delle più grandi pinacoteche di Roma e una collezione di sculture del Bernini da non perdere! Vi ricordiamo che, se non volete fare la fila in biglietteria, potete prenotare la visita online qualche giorno prima!

La mattinata all'insegna della cultura e della storia dell'arte è stata probabilmente impegnativa. Per bilanciare, il pomeriggio sarà dedicato allo svago e al divertimento... Nei pressi di piazza di Siena trovate la ludoteca "Casina di Raffaello": qui il personale specializzato intratterrà i bambini con dei laboratori creativi. Mentre i piccoli sono impegnati, i genitori possono rilassarsi e gustare un caffè nella caffetteria della Casa del Cinema poco distante.

Se, invece, i vostri bambini sono amanti degli animali suggeriamo una bella passeggiata all'interno del Bioparco. Il giardino zoologico di Roma è di solito una meta molto amata da tutti i bambini!

Infine, se la giornata volge al brutto tempo, è possibile ripiegare sul "Cinema dei Piccoli": il pomeriggio il cinema propone una programmazione dedicata ai bambini.

adattato da www.060608.it

1. Villa Borghese è
   a. un grande parco tematico per bambini
   b. un'area verde a nord di Roma per turisti
   c. un parco per turisti e non

2. Per visitare Villa Borghese
   a. è necessario più di un giorno
   b. bisognerebbe amare la scultura
   c. si consiglia di affittare delle biciclette

3. La Galleria Borghese
   a. è un'attrazione indicata per i bambini
   b. è uno dei musei più grandi di Roma
   c. è aperta solo la mattina

4. Alla "Casina di Raffaello"
   a. i bambini fanno attività creative
   b. i bambini possono giocare coi genitori
   c. si beve il caffè mentre si guarda un film

5. Il "Cinema dei Piccoli"
   a. è l'unica attrazione aperta quando piove
   b. offre dei film per bambini
   c. è un'alternativa per chi ama gli animali

.... /5

D Completa le frasi con la forma giusta dei verbi tra parentesi.

1. Signor Basile, vedo che non .... (sentirsi) bene, perché non va a casa?

2. Ragazzi, ... (annoiarsi) a lezione? A me succede spesso!

3. Ieri sera siamo andati in un nuovo locale e .... (divertirsi) un sacco!

4. Manuela ha detto che .... (tagliarsi) i capelli, ma non l'ha ancora fatto.

5. Per una coppia è importante .... (passare) le vacanze insieme.

6. Quando .... (stancarsi, tu), potrai smettere di lavorare.

7. Luca e la sua ragazza .... (lasciarsi) dopo sette anni.

8. Ma non .... (potersi, voi) mettere d'accordo prima?!   .... /8

E Completa il testo: scegli una delle alternative (A, B, C).

I giochi di una volta

Il primo parco giochi vietato agli smartphone .... (1) in Sicilia, nei prossimi mesi, il primo parco giochi dove non .... (2) gli smartphone! Divieto di chattare, ... (3) sui social e navigare in internet!

L'idea .... (4) di un gruppo di genitori. Secondo il quotidiano locale, il progetto .... (5) circa 80mila euro e .... (6) avrebbero trovato già la metà.

All' .... (7) dovrete lasciare i vostri dispositivi elettronici in un piccolo armadio e un cronometro .... (8) i minuti che passerete .... (9) la tecnologia. «È un modo per tornare a stare insieme, a parlare con gli altri», spiegano i genitori, «ormai è sempre così: alla fermata .... (10) autobus, a casa, a una festa, stanno al telefono! .... (11) regalare un mondo nuovo ai nostri figli».

	A	**B**	**C**
1.	nascerà	sarà nato	è nato
2.	entravano	entreranno	saranno entrati
3.	stare	guardare	ascoltare
4.	aveva	sarà	è stata
5.	costavano	costerebbe	costerebbero
6.	l'	ne	ci
7.	inizio	uscita	entrata
8.	conterà	ha contato	avrà contato
9.	con	meno	senza
10.	dell'	di	sull'
11.	Vorrà	Vorremmo	Avremmo voluto

.... /11

F Completa le risposte. Usa i pronomi.

1. • Quando hai visto Gianna?

   • .... ieri.

2. • Hai comprato quella maglietta blu?

   • No, ... una rossa.

3. • Avete cercato i miei occhiali?

   • ...., ma non ci sono in salotto!

4. • Signorina, mi hanno chiamato da casa?

   • Sì, direttore, ... Suo figlio.

5. • Mi puoi accompagnare in macchina?

   • No, non ...., ho da fare.

6. • Quante magliette posso comprare con 50 euro?

   • .... almeno tre.

7. • A chi devo consegnare questo pacco?

   • .... a Maurizio.

8. • Quali libri ti devo portare?

   • .... solo il libro di storia.

.... /8

Risposte giuste: .... /45

Istruzioni dei giochi

Gioco Unità 0-5, Scale e serpenti, pagina 134

Giocate in 2 o in 2 piccoli gruppi. Inizia per primo il giocatore o il gruppo che lancia il dado e ottiene il numero più alto. A turno, tirate il dado e svolgete il compito proposto.
Se la risposta non è giusta, tornate indietro di due caselle. Dopo, il turno passa all'altro giocatore/ gruppo. Se arrivate su una casella dove c'è l'altro giocatore/gruppo, andate a quella successiva.

Attenzione: se trovate una , salite; se trovate un , scendete!

Vince chi arriva per primo all'Arrivo, dopo la casella 36!

Gioco Unità 0-11, Gioco dell'oca, pagina 136

Giocate in 3 o in 3 piccoli gruppi. Inizia per primo il giocatore che lancia il dado e ottiene il numero più alto.

A turno, tirate il dado e svolgete il compito proposto.

Se la risposta non è giusta, tornate indietro di due caselle. Dopo, il turno passa al giocatore successivo.

Vince chi arriva per primo all'Arrivo, dopo la casella 37!

Attenzione alle caselle colorate: se trovate una casella verde, tirate di nuovo il dado; se trovate una casella rossa, tornate indietro di 2, 3 o 4 caselle, in base al numero indicato.

ARRIVO!

36 2 progetti per il futuro!

Completa: "Partiremo per le vacanze non appena ... (*finire*) gli esami."

35

34 2 Feste italiane e 2 dolci tipici!

33 Vai a a pag. 50 del Libro dello studente attività C5, immagine A. Dov'è la lampada?

25

Orario
da Lunedì a Venerdì
dalle 08:20 alle 13:45

Sabato
dalle 08:20 alle 12:45

24

Qual è l'orario della posta?

26 Passato prossimo di *rimanere*, terza persona singolare femminile.

27

28

BIGLIET

Chiedi un'informazione.

23 Ricordi l'episodio video dell'unità 4? Cosa succede al bar?

Il contrario di *corto*?

22

Che ore sono?

21

20

Racconta brevemente la tua ultima vacanza: Dove sei stato? Con chi? Quando? Ti sei divertito?

19

Che tempo fa?

Dove vai stasera?

CINEMA TEATRO ODEON

2

CINEMA TEATRO ODEON

Come ti chiami? Di' il tuo nome anche lettera per lettera.

3

PARTENZA!

Leggi e fai la somma: 30 + 25 = ?

1

Gioco unità 0-5

134

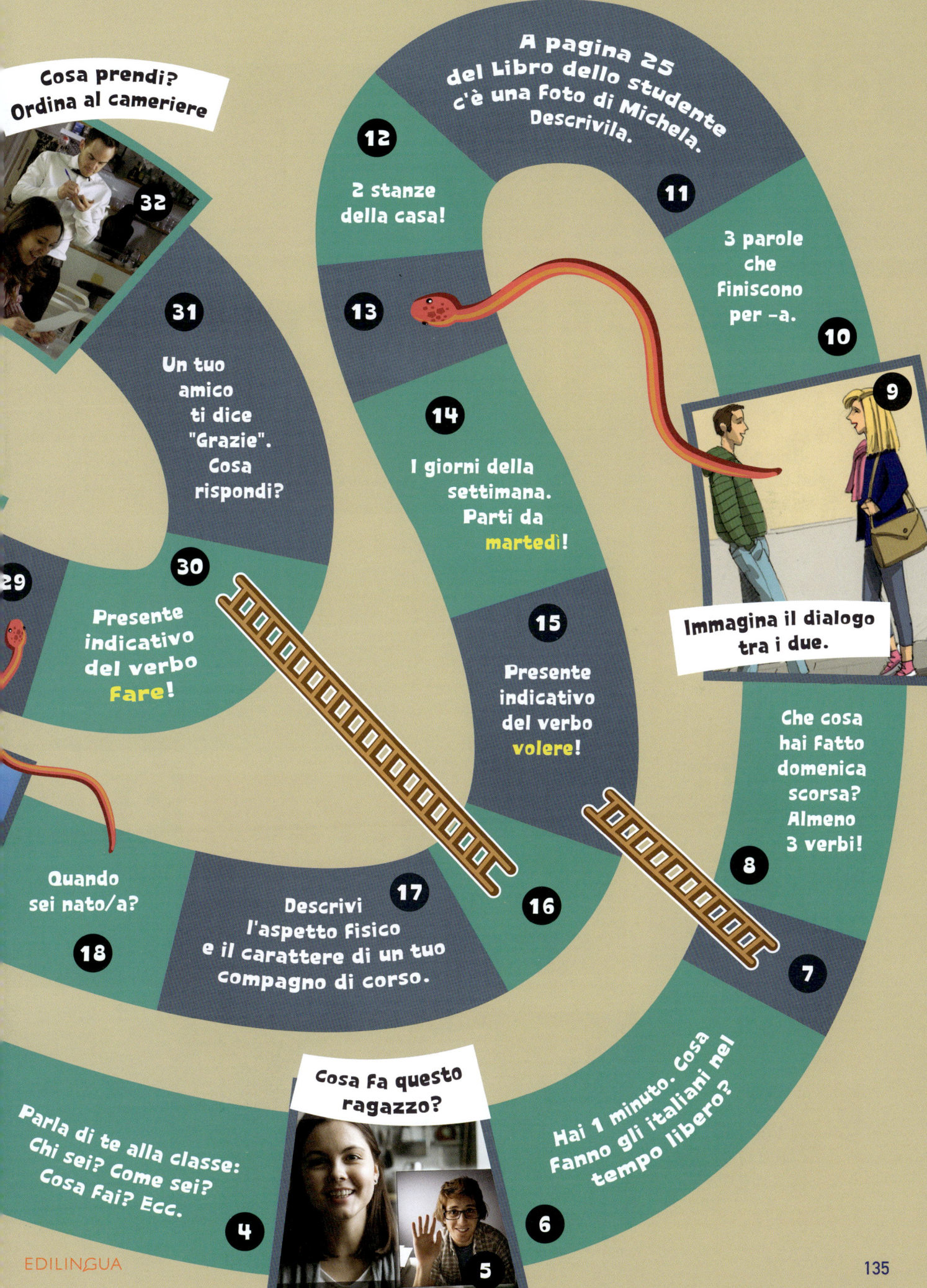

Cosa prendi? Ordina al cameriere

32

31 Un tuo amico ti dice "Grazie". Cosa rispondi?

30 Presente indicativo del verbo **Fare**!

29

Quando sei nato/a? 18

Parla di te alla classe: Chi sei? Come sei? Cosa Fai? Ecc. 4

Descrivi l'aspetto fisico e il carattere di un tuo compagno di corso. 17

16

Cosa fa questo ragazzo?

5

6 Hai 1 minuto. Cosa Fanno gli italiani nel tempo libero?

15 Presente indicativo del verbo **volere**!

14 I giorni della settimana. Parti da **martedì**!

13

12 2 stanze della casa!

A pagina 25 del Libro dello studente c'è una foto di Michela. Descrivila.

11

10 3 parole che Finiscono per –a.

9

Immagina il dialogo tra i due.

Che cosa hai Fatto domenica scorsa? Almeno 3 verbi! 8

7

Gioco unità 0-11

1

2 2 quotidiani italiani e 1 rivista!

20 Chiedi qualcosa ad un compagno. Usa l'imperativo.

21

22  Cosa guarderanno? Immagina il dialogo.

23 Cosa hai fatto stamattina prima di uscire? (almeno 2 azioni)

19  -2

34 Rispondi: "A Luca piacciono le mele rosse?" (sì, molto)

35 2 attori italiani e 2 titoli di film!

36  Vuoi comprare un mazzo di fiori: dove vai?

18 Esprimi un desiderio realizzabile usando il condizionale.

33 Da piccolo/a... continua la frase! (almeno 2 azioni)

32 -4

31

17 2 prodotti tipici italiani e 2 città che hanno un mercato storico!

16  I DUE FRATELLI — 2 primi, 2 secondi e 1 contorno!

15  Come è vestito quest'uomo?

14 Un tuo amico ha vinto 100mila euro: cosa gli dici?

3

4 cose che trovi sopra il tavolo del ristorante!

I tuoi amici ti invitano al mare. Cosa rispondi?

5

Chiedi aiuto ad un /una compagno/a per un problema che hai.

6

Telefona ad un ristorante e prenota un tavolo per due.

24

25

I nomi delle stagioni!

↩ -3

26

L'ultimo film che hai visto: cosa succedeva? Chi erano gli attori? Ti è piaciuto? Hai 1 minuto e mezzo!

7

↩ -2

37

In vetrina c'è qualcosa che ti piace. Cosa dici al commesso?

ARRIVO!

27

Quanti tramezzini hai mangiato?

8

2 cose che beviamo e 2 cose che mangiamo a colazione!

30

29

Fai il plurale: "C'è un libro sul tavolo".

Conoscerai il tuo/la tua cantante preferito/a. 2 domande per lui/lei!

28

Sei al cinema, davanti a te dei ragazzi parlano a voce alta: cosa dici?

Immagina il dialogo tra i due.

3

↩ -3

12

Quanti caffè hai bevuto? (3 tazzine)

11

10

in + l' = ? Fai 2 frasi con questa preposizione articolata!

nuovissimo
PROGETTO
italiano

1

indice delle tracce audio

**Durata totale:
[71']**

Su i-d-e-e.it
puoi ascoltare la
versione naturale
e rallentata delle
tracce audio.

Pag. 12: www.macitynet.it (*donna allo specchio*); **Pag. 20** ibs.it (*libro*), © Telis Marin (*bar pizzeria*); **Pag. 21** www.hawtcelebs.com (*Malika Ayane*); **Pag. 22** www.mondomostreskira.it (*Leonardo*); **Pag. 24** © Telis Marin (*orologi 2 e 3*); **Pag. 30** © Telis Marin (*Amalfi*); **Pag. 32** pinimg. com (*negozio borse*), joydellavita.com (*parco Ciani*), guardiaguide.files.wordpress.com (*posta*), laprovinciacr.it (*banca*), blogspot.com (*biblioteca*), associazioneoter.com (*Museo di Arlecchino*); **Pag. 33** imdb.com (*Euforia*); **Pag. 34** www.onstageweb.com (*Ligabue*), © Telis Marin (*gatto*); **Pag. 35** blogspot.com (*In centro*); **Pag. 39** https://universityequipe.com (*San Marco*); **Pag. 40** © Telis Marin (*tram*); **Pag. 42** © Telis Marin (*gondola*); **Pag. 44** https://static.wixstatic.com (*bar*); **Pag. 45** www.lincmagazine.it (*Biblioteca*); **Pag. 47** http://www.radionuova.com; **Pag. 51** © Telis Marin (*Roma*); **Pag. 52** pinterest.com (*casa piccola*), © Telis Marin (*Milano*); **Pag. 55** © Telis Marin (*seconda e terza foto, Siena*); **Pag. 63** steemit.com/life/@karlitos (*lasagne*); **Pag. 65** www.r4mengineering.com (*Galleria Milano*); **Pag. 68** www.casinadelbosco.it (*culatello*); two4italy.files.wordpress.com (*signora Miriam*), blaggando.wordpress.com (*Negramaro*); **Pag. 80** www.arkosacademy.com (*Anna Magnani*), www.cinemacarmen.org (*Cinema Carmen*); **Pag. 85** www.amica.it (*Santiago, Italia*); **Pag. 88** © Telis Marin (*Torino*); **Pag. 90** www.amazon.it (*Lavazza, sugo Star, detersivo*), centralelattevicenza.com (*latte*); www.zero1web.it (*formaggio*); http://www.ipiaceridelgusto.it/ (*funghi*); www. tigota.it (*crema idratante*), www.harrisfarm.com (*sugo Barilla*), www.emporioitaliano.com (*shampoo*); www.cosicomodo.it (*kinder yogurt*), www. jeancoutu.com (*gel per capelli*), www.cartotecnicadeimille.it (*dentifricio*); www.frantoiovedovelli.com (*olio*), trovino.it (*vino*); www.rouses.com (*olive*), www.colosseumdeli.com (*mozzarella*); www.flickr.com (*mercato*), https://theretailchain.altervista.org (*supermercato*); **Pag. 114** dai siti delle riviste, www.offerteshopping.it (*Gente*); **Pag. 125** gr.pinterest.com (*Grotta di Villanova*)